思辨的力量

從**法國高中哲學**教育，
培養**獨立思考**能力

PHILOSOPHIE AU BACCALAURÉAT

坂本尚志

【作者簡介】

坂本尚志

1976年生，京都藥科大學副教授。京都大學文學部畢業，同大學院文學研究科博士課程研究指導認定退學，波爾多第三大學大學院哲學科博士課程修畢。哲學博士，專攻二十世紀法國思想史（米歇爾・傅柯）、哲學教育（本資料為本書出版當時所刊載的資訊）。

思辨的力量

從法國高中哲學教育，培養獨立思考能力

出　　版／楓樹林出版事業有限公司
地　　址／新北市板橋區信義路163巷3號10樓
郵政劃撥／19907596 楓書坊文化出版社
網　　址／www.maplebook.com.tw
電　　話／02-2957-6096
傳　　真／02-2957-6435
作　　者／坂本尚志
翻　　譯／卓惠娟
責任編輯／周季瑩
校　　對／邱凱蓉
內文排版／謝政龍
港澳經銷／泛華發行代理有限公司
定　　價／400元
初版日期／2025年9月

國家圖書館出版品預行編目資料

思辨的力量：從法國高中哲學教育，培養獨立思考能力 / 坂本尚志作；卓惠娟譯. -- 初版. -- 新北市：楓樹林出版事業有限公司, 2025.09　面；公分

ISBN 978-626-7729-39-7（平裝）

1. 哲學 2. 公民教育 3. 思考

103　　114010797

序

在本書中，我們將要思考以下三個問題——

勞動能使我們更有人性嗎？

科技能讓我們更自由嗎？

行使權力與尊重正義能夠並存嗎？

其中所探討的是有關勞動、科技、自由、權力與正義的主題。想必許多人看到這裡會認為：「太難了！」

這三個問題可以採取各種不同的方法來思考，問一百個人很可能會得出　百個不同的答案。

本書旨在將這三個問題作為「哲學問題」來思考，同時也希望讀者共同思考這三個「哲學問題」的答案。

這三個問題的確很困難。不過，其實這類題型的答案都有既定的解法。接下來我將會說明對任何人而言都容易理解的解答方式，而且每個人都能靈活運用。

話說回來，這三個問題究竟是從何產生呢？這並非我憑空想像的問題，而是法國學士會考實際出現過的題目。

所謂的法國學士會考（Baccalauréat），是法國高中生在畢業時必須通過的考試。及格可以同時取得高中畢業資格和大學入學資格。法國學士會考的歷史，可以追溯到一八〇八年的拿破崙時期，最初採取口試，一八三〇年開始加入筆試，雖然幾經改革，現在依然是法國教育體系中的重要制度。

順便一提，近年來在日本也可以取得的國際Baccalauréat（International Baccalaureate，簡稱ＩＢ）文憑，和法國學士會考雖然名稱近似，但性質完全不同。

本書所介紹的，是法國高中生絕對必須通過的哲學考試「解答方式」，而這個「方式」，是指分析各式各樣的問題來作答的「思辨模式」。這個「模式」才是法國哲學教育的特色。而這樣的「思辨模式」應當可以給生活在日本的我們，帶來思考問題的提示。

我們不僅僅要認識法國的教育狀況，更要思考可以從中學到什麼，能夠運用的又是什麼？

⦿培育「公民」的法國教育

回到一開始我所提出的三道問題，法國的高中生必須學習解答這些問題。想像一下，倘若你現在是高中生，面對這樣的問題，又會怎麼回答呢？如果是我，恐怕只能束手無策地隨便回答吧？事實上，我在大學時，教授出的一個報告主題，就是出自法國學士會考問題（我記得是有關藝術方面的問題），當時我寫了一堆近似感想的冗長內容。萬一那是法國學士會考，我的答案（先不管是不是以法文書寫），恐怕只能拿到很低的分數。

本書將會詳細探討「解答方式」，但在說明以前，首先看看為什麼考試中會出現這樣的問題。

法國學士會考，是高二生及高三生的考試。一直到二〇一九年都是在學期末舉行（二〇二〇年由於新冠病毒全球蔓延，並未舉行考試，而以高中成績來判斷是否能取得法國學士會考資格）。二〇二一年畢業的高中生，採用新制考試，以高二、高三的學業成績，以及高三下學期輪流實施的筆試，來判斷是否及格。日本原有的文科和理科課程劃分，也因為引進新考試制度而被廢除，但在此我們不深入探討。

改制前的法國學士會考，在高三那年六月應試的第一個科目是哲學，現在改為在高三之前應試哲學以外的其他兩個科目，但哲學考試維持在六月舉行，採取筆試，時間為四個小時。

當然，學生並非毫無準備地參加隨堂考。哲學是法國的普通科與技術科高中三年級學生的必修科目，因此，學士會考的哲學測驗可以評量學生在這一年間學習哲學的程度。

法國在高中三年實施哲學教育的目的是什麼呢？主要有兩個意義。

第一，是為了回顧並統整在中小學階段所學的各門科目，讓學生將不同學科的內容融會貫通。哲學教育的目標在於更深入探討知識的本質。換句話說，這是培養均衡

「素養」，避免知識偏重於特定領域的方法。

第二，是為了培育「公民」。也就是說，在民主主義社會，培養具備獨立思考、表達及行動能力的國民。著重「思考及表達」的哲學教育，是達成這個目的的有效手段。說得更極端一點，在法國，「公民」指的是修習過哲學的人。

那麼，日本又是什麼樣的情況呢？我們難以期望在日本高中推行哲學教育。即便在大學裡，有許多學生選修名為哲學的課程，但除了少數專攻學生外，哲學往往也僅是選修課程。至於現有制度能否確保足夠的時間與教學品質來培育「思考及表達」的學生，尚且令人存疑。這與其說是日本哲學教育的責任，不如說是大學通識教育體制的問題。

當然，並非只有哲學課程才能達到培育「公民」教育的目的，任何一門學問只要能建立在「思考及表達」的基礎上，便能肩負起這項任務。儘管不同專業領域的學生在觀點和方法上各有差異，但我們都能期待他們習得「思考及表達」的能力。在日本，這類討論主要集中於高等教育階段。然而，法國的情況是，大眾認為高中最後一年的哲學教育已能充分確保這一點。

這並非意味著法國高中生比日本學生早熟。兩地高中生在心智發展上並無顯著差異。當然，法國高中生普遍更關注政治議題，且更擅於清晰表達自身觀點。這或許和他們之前受的教育有關，不過，看到法國高中生放學後嬉笑打鬧的身影，便能感受到他們與日本高中生一樣，都是充滿活力的同齡青少年。

總而言之，在法國，高中畢業並取得學士會考合格證書，就意味著已具備成為有教養的公民的基礎。

當然，這僅是理想目標，實際上達到這個標準者寥寥無幾。然而，為了培育公民而於高中階段開設哲學課程，正是法國教育最為獨樹一幟之處。

⊙法國哲學教育的目的是習得「思辨模式」

法國的高中生就是以這樣的方式學習哲學，日本對此又是什麼樣的反應呢？每年六月法國舉行學士會考哲學考試時，考題總是立刻被譯為日文，並在社群媒體上廣為分享。「法國高中生真厲害，竟然學哲學。反觀日本……」

或許有點誇張，但似乎可以看出，日本人對於法國擁有日本所沒有的特質，抱持著讚歎的心情。這或許是因為，日本人對於以藝術和美食為代表的法國及其文化，懷有敬畏與激賞，而將這份情感也投射到「雖然不太了解，但感覺很高尚」的哲學上。或者，與其說是對哲學本身的讚歎，不如說是對「法國高中生學習哲學」這一事實感到驚訝。

然而，相較於音樂、繪畫和美食，哲學（尤其是學士會考的哲學）門檻似乎更高。音樂和繪畫，即使不了解細節，光是欣賞也能判斷出自己的好惡。至於美食，雖然有些食材或烹調方法需要習慣，但只要品嘗過就能有所體會。相較之下，哲學就沒那麼簡單了。光看學士會考的題目，或許就讓人覺得無從著手。高中生花四小時回答一道僅有一句話的題目，這究竟是怎麼回事呢？

普遍存在的誤解是，認為法國高中生毫無準備就直接參加這項考試。但正如我之前提到的，學士會考是檢視高中學習成果的考試，所以這種印象並不正確。學士會考檢驗的是學生學習一年哲學的成果。

另一個誤解是，認為在學士會考哲學考試中，允許考生自由表達意見。有一種說法聽起來似乎很有道理，那就是學士會考哲學考試測驗的是學生用自己的話表達想法的能力，而且也多虧了這樣的訓練，法國人能夠堂而皇之地表達自己的主張，但這其實是錯誤的印象。

為什麼這個印象並不正確呢？事實上，學士會考哲學考試並不是檢視學生能否「自由思考」的考試，也不是單純書寫「意見」或「感想」的考試。從這個意義上來說，與日本的小論文或讀書心得完全不同。在日本的寫作教育中，不受形式束縛的思考，以及能表現出寫作者個性和感性的作品，往往會受到高度評價。如果以這種先入為主的觀念來看學士會考哲學考試的題目，或許會認為考生必須透過文章表達自由且具有創造性的思考。

實際上，學士會考哲學考試檢驗的是，學生能否掌握「思辨模式」。所謂的「思辨模式」，指的是一種作答方法，即按照既定的程序分析以一句話呈現的考題，並按照「引言、正文、結論」三個部分組成的結構來撰寫答案，這也是學士會考哲學考試所要求的作答方式。法國高中生花一年的哲學課程來學習這種「模式」。學士會考哲學考試，正是評估學生能否熟練運用這種「模式」的考試。

說到「哲學是一種模式」時，可能有些人會感到驚訝。或許有人認為，哲學需要的是從不同角度看待事物的靈光一閃，或是持續思考一個問題，最後找到獨創性答案的才能。

我認為這些對哲學的理解本身就不夠準確，但姑且不論這些，為什麼法國的哲學教育必須學習「模式」呢？

首先要注意的是，法國高中階段的哲學教育，其目的並非習得作為知識或學問的哲學。哲學教育的目標是培養不盲從既有的權威，且能夠獨立思考、發言和行動的「公民」。

哲學是達成此目標的手段。

重點不是去理解或背誦哲學史或各種哲學家的主張，而是要了解其中使用的思考方法，以及如何運用這些方法。

思辨的「模式」是作為「公民」應具備的思考和表達能力的基礎。它以哲學——西方歷史上複雜的思考典範——為題材，旨在培養能夠獨立思考和表達的人。

⦿「模式」是不好的嗎？

獨立自主思考和學習「固有模式」兩者看似相互矛盾，「固有模式思維」一般被認為是食古不化，與獨特性、創造力背道而馳。那麼，為何「模式」依然重要呢？

這是因為「思辨模式」與「既定模式思維」的「形」並不一樣。「固有模式思維」指的是類似「男主外、女主內」這種傳統守舊的想法，而問題在於這樣的思維「內容」就像金太郎糖一樣千篇一律。

相對的，法國哲學教育或學士會考哲學考試養成目標的「思辨模式」，則是為了表達各種不同意見而有的共通框架。

換句話說，相同的不是「內容」，而是「形式」，或者說是「規則」。依循這個「形式」討論而做到表達自己的立場才是目的。那麼，遵從可以表達意見的共通「形式」，有什麼樣的優點呢？

當各式各樣的意見以各式各樣的形式表達時，讀者不僅要看懂這些內容，還必須理解其表達方式。如果這些形式對自己來說很陌生，就會更加難以理解內容。以經常被譏諷為官樣文章的政府公文為例，要搞懂其獨特的表達方式，並理解文章真正想表達的內容，需要耗費相當多的功夫（當然，有可能是力求表達精確而致文句繁複，又或是刻意寫得艱澀難懂）。

如果這些意見，是依循眾所皆知而能熟練使用的共通「模式」來表現，曾有什麼效果呢？對於知道這個「模式」的人而言，哪個部分有什麼樣的任務，依循這個「模式」所闡述的主張是什麼，意見的內容為何，應當都能十分容易地理解。

在這樣的情況下，問題就只是讓知道這個「模式」的人，以及學會使用這個「模式」的人增加。當多數的人都能理解並學會這樣的「模式」，那麼無論是表達意見，或是理解他人的意見，都會採取這個共通「模式」。

結果，這將產生一個能夠理解多元觀點，不論是同意或反對，都能健全表達意見的空間。有能力表達這類意見的人，便可以稱為「公民」。

像這樣可以討論的空間是民主主義社會不可或缺的，問題在於如何增加掌握這種「模式」的人。所以法國便採取哲學教育作為解決對策。

⦿「模式」的各種不同事例——新聞報導、學術論文

當然，想要學習這樣的「模式」，並不是非得學習哲學才行。我們日常放眼所及的文章，例如報紙上的文章，就是透過標題、引言、本文等結構，以視覺呈現文章內容的重要程度，這也可以說是一種「模式」。像這樣的結構，優點是可以一目瞭然，立刻看出哪裡是重點、文章的訴求是什麼。

例如報社在有限的編排空間，根據新聞的重要性，決定標題的大小或配置（直排或橫排）。讓閱讀時間有限的讀者，只需瀏覽標題，也能大致掌握當天報紙上所報導的新聞。這無非是因為長年累月下來形成的新聞版面編排結構及其蘊含的意義，已成為社會大眾普遍認知的「模式」（NTT出版的松林薰《正確閱讀新聞》〔新聞の正しい読み方，暫譯〕中介紹了更詳盡的「閱讀方法」）。

再以學術論文為例。學術論文的結構，雖然因不同領域而有差異，但格式十分嚴密，或者說在某種程度上有一定的格式。例如IMRAD，便是以緒論、研究方法、研究結果、討論（取Introduction、Methods、Results和Discussion的字首縮寫為

ＩＭＲＡＤ）這四大要素而成的論文結構。每一部分該寫什麼樣的內容，都有既定的規範，只要是同一領域的研究人員，都能準確理解該篇論文的目的、結論及其意義。

新聞報導透過版面編排，而學術論文則規定了論述的要素與順序。法國學士會考的哲學考試所要求的，就是依循這種「模式」整理個人意見觀點的能力。而且這樣的「模式」，有個明顯的優點，那就是在說明自己的主張前，必須先充分闡述相反意見的立論依據。

像報紙這樣的媒體，當對立的意見較多時，通常會同時刊載雙方的論述。除非是有明確的科學根據，或是報社立場鮮明，否則一般的對立意見，很難立即斷定哪一方的觀點才是正確的。媒體不是表達個人主觀意見的場所，所以只能立求平衡報導。

至於學術論文，即使和自己的立場或主張不同，也會以各專業領域特有的方式探討。舉例而言，可指出現有研究的闕漏，或比較現有研究從而彰顯論文的原創性。然而，為了基於研究脈絡，剖析對立觀點的問題，並開展足以突破這些問題的論述，需要長期的訓練。畢竟，並非人人都能撰寫學術論文。

⦿學習對「理所當然」產生質疑的「模式」

相對的，法國的哲學教育以及學士會考哲學考試，既是高中生的學習科目，也是評估學習成效的測驗。多數學習哲學的高中生，會在之後的高中教育裡學習專門知識，接著出社會獨立自主（高中輟學及年輕一代的超高失業率是法國必須另行處理的問題）。也就是說，哲學定位在培育「公民」的教養基礎，為年輕人的必修科目。

哲學教育也意在培養學生觀察事物以及批判性思考的能力。當我們質疑那些乍看之下理所當然，實際並非如此的事物時，這項能力尤其能發揮效果。學習深入檢討對立的雙方意見，並從中找出解決對策，是質疑「理所當然」的有效方法。像這樣對現有體制產生質疑，更能成為孕育創新的開端。

這樣的哲學教育方式，及「公民」的養成方式，應該也能成為日本國民的參考。考量當今日本社會衰退的呼聲日益高漲，這樣的程序——尊重反對意見，盡可能理解後，再主張自身立場的正當性——似乎顯得更為重要。

例如在擬定政策之際，受到權威人士的意向或團體氛圍左右，或是只採用能佐證預設結論的數據作為依據，又或是一開始就沒有蒐集相關的數據或資料，這些狀況近年來可說是家常便飯。產生這種草率決策的一個原因，可能是缺乏認知及道德上的態度，即認為反對意見也具有邏輯性，不應被忽視。

哲學教育並非萬靈丹，無法立即解決這些問題。然而，法國擁有這些理念和原則，並以此為基礎持續推動教育，這對於我們重新審視日本的社會、政治和教育而言，提供了寶貴的視角。

後文我還會再說明，即使在法國，也不能說哲學教育理念已充分落實在生活當中。理念與實踐之間有落差，而且也不是所有人都在學校學會了哲學思考。說到底，沒有學哲學就終止學業，或是成年後才來到法國的移民及難民人數也不少。從某個角度來看，他們是被迫置身於這些理念之外的人群。

儘管如此，這些不可否認的事實，並不代表理念毫無作用。我認為，正是當現實與理念脫節時，我們才更需要回歸理念，並從中尋求指引。哲學教育始終扮演著這樣的參照角色。

⦿本書結構

基於以上前提，本書將揭示這個「思辨模式」是什麼樣的內容，並且詳細解說一開始我提出的三個問題的解答方式，以便理解如何掌握這個「模式」，並能熟練運用。

首先我會介紹法國的哲學教育及法國學士會考哲學考試（第1章）；其次，希望讀者能看到法國學士會考哲學考試中最重要的「思辨模式」的整體樣貌（第2章）；接著進一步將詳細說明構成「思辨模式」的要素（問題的主題、形式的識別、用語的定義、列舉可能的答案、拆解題目、擬定結構大綱）（第3章）；第4章則是簡要介紹要解答本書一開始的三個問題，所必須認識的哲學家。以及以三個問題為例，實際練習「思辨模式」。

到此為止屬於「思辨模式」的基本篇。勞動、技術、自由、權力、正義——從這三個問題所舉出的概念，在法國哲學教育中也是被反覆提出的主題。雖然無法網羅哲學教育的全部，但與第1章說明的其他主題也有密切的關聯性。對於了解法國哲學教育的精萃應該可以說十分充分了吧！

最後一章是應用篇，我將帶大家看看「思辨模式」如何運用在哲學以外的層面。另外，也一起思考如何回答在法國學士會考的哲學考試中，較為罕見的問題形式。

讀過本書後，相信讀者應當就能夠理解法國學士會考的「思辨模式」，而對於生活在民主主義社會的「公民」，培養所需的「自主思考、表現」的能力與態度，也應當是有益的。我認為這也應該能成為思考當前日本面對諸多問題的一個方法。那麼，接下來就讓我們一起來看看這個「思辨模式」吧！

序

第1章　學習哲學的法國人

第2章 何謂「思辨模式」？

第3章 「思辨模式」的整體概觀

第4章 勞動、自由、正義——如何以及教授什麼內容

第5章 用「思辨模式」進行哲學思考

第6章 在各種場合應用「思辨模式」

終章

延伸閱讀

結語

第1章

學習哲學的法國人

⦿必修哲學的法國高中生

就如日本每年一月中旬的大學入學共同考試（舊制中心測驗），總是受到新聞媒體大肆報導般，六月中旬的法國學士會考，也有多數媒體相繼報導。法國學士會考是中學教育修習完畢的資格考試（亦即高中畢業考），同時也是進入大學的門檻。出題及評分都是由高中教師擔任，因此高中畢業考才是主要重點。

之所以說這項考試也是大學的入學考試，是因為一旦學士會考合格，就能進入大學。法國並不是像日本由各個大學自行舉辦入學考試，而是通過學士會考的學生自行向自己希望進入的大學提出入學申請書（可以從網路同時申請多家大學）。近年來，希望接受高等教育的入學者增加，因此無法進入志願校的情況也增加了，但大學未舉行個別考試的狀況，至今依然沒有改變。

然而，並不是沒有入學考就代表沒有競爭。希望進入菁英養成學校的「高等學院」（Grandes écoles）且通過學士會考的學生，高中畢業後，還必須再進入為期兩年的「高等學院預備班」學習，以期通過入學考。若要進入巴黎綜合理工學院、國立行政學院、高等師範學院等頂尖「高等學院」，就必須在預備班學習後，參加嚴格的入學考試（有關法菁英選拔，請詳情請參考伊藤實步子編著《變動的大學入學考》〔変動する大学入試，暫譯，大修館書店〕由我執筆的章節）。

說到法國的「入學考試戰爭」，或許可以說是只存在於高等學院的入學考。這個階段的菁英養成，可能會比日本更為嚴格。而這種嚴格的選拔，首要條件就是通過學士會考。

⦿法國學士會考是什麼樣的考試？

那麼，這項學士會考究竟是什麼樣的考試呢？二〇二一年，新冠肺炎疫情蔓延的時候舉行的學士會考，和二〇二〇年以前的考試形式相比，有了大幅度的改變。新制適用於二〇一八年九月入學的高中生，也就是從二〇二一年開始，曾採取新制的學士會考。

二〇二〇年由於新冠肺炎疫情而未舉辦會考，改為根據在校成績來判斷是否可取得學士會考資格。因此二〇一九年是實質上最後一次舊制學士會考。

法國學士會考分為三個種類，分別是普通會考（baccalauréat général）、技術會考（bac technologique）及職業會考（bac professionnel）。其中人數最多的為普通會考，多數高中教育升學者都是參加這項普通會考，因此，以下說明便以普通會考為主。

二〇一九年以前的學士會考，除了在高二學年末舉行的法語測驗以外，其他科目幾乎都在高三學年末的六月舉行（法國是九月開學，六月結束學年。七、八月為暑假）。高三必須接受的考試科目

	經濟社會學組	文學組	科學組
第1天	哲學（4小時）		
第2天	歷史、地理（4小時）		
第3天	第一現代語（外語）（3小時）		
第4天	經濟、社會科學（4或5小時）	文學（2小時）	物理、化學（3.5小時）
第5天	數學（3小時）		數學（4小時）
	第二現代語（外語或其他地區方言）（2小時）		
第6天		藝術（3.5小時）、希臘文（3小時）、拉丁文（3小時）其中任一科目	生命科學及地球科學（3.5小時）、生態學及農學農地（3.5小時）、工學（4小時）其中任一科目

及日程一如前頁。就如日本分為文科、理科一樣，法國也分為不同組別，考生在高中同樣分為這三組學習（新制已廢除這個分組）。

為期六天的考試，考試時間長的科目長達五小時，最短的也有兩小時，相較於日本的大學學測，是非常嚴峻的大考。

然而，這種長時間的考試制度，長期以來一直備受爭議。原因在於這會造成考生在考前負擔過重，容易導致他們傾向於死記硬背。相信各位都有經驗，臨時抱佛腳的囫圇吞棗，通常遺忘得也很快。

實際上，法國大學生的進級率很糟。法國的學士課程只有三年，但三年可取得學士資格的學生不到四成。包括曾一度留級的學生才勉強超過五成。光就醫學院來說，只有一成的學生可以升上二年級。也可以說，因為沒有入學考，所以進入大學後，必須嚴格篩選。

改革的其中一項起因，是因為學生拿到高中畢業會考文憑後，往往尚未充分準備好在大學學習。改革方案的制定過程一波三折，但改革方向是不僅僅依靠高中畢業班的考試，來決定是否能取得高中畢業會考文憑。改革目標為持續評估高一、高三兩個

藝術	數學
生物學、生態學	資訊科學
歷史、地理、地政學、政治學	物理學、化學
人文學、文學、哲學	生命科學、地球科學
外語、外國文學、外國文化	工學
古代文學、言語、文化	經濟學、社會學

學年期間的努力，因此提前舉辦許多科目的考試，也將高中在校成績納入評估範圍。

此外，改革目標還包含讓學生能夠根據自己的興趣、關注點以及生涯規劃，彈性選擇學習方式。因此，廢除自一九九三年以來持續實施的經濟社會組、文學組、科學組的分組制度。高二和高三的學生，除了修習共同科目外，還必須根據興趣、關注點和生涯規劃，選擇專業科目。必修科目包含法語（二年級）、哲學（三年級）、歷史、地理、外語、理科、體育、道德與公民教育等。專業科目如上表所示，相當多元。

高二生選擇三個科目，每個科目每週上四小時的課程。高三生則是從高二所選擇的三個科目中選擇兩個科目，每個科目每週上六小時的課程。分組制度廢除後，取而代之的是讓學生選擇專業科目。使學習符合學生個人的興趣或升學就業發展，是這次改革的重點。

根據這項改革，學生就有可能依循個人興趣選擇升學就業發展。優秀的學生，或是能得到高學歷的家人、親戚提供充分建議的學生，多數應當都可以做出符合自己未來期望的選擇吧！但是，選擇的自由反而不利於其他學生。改革前依分組上課的方式，可能對於不具備自行選擇能力的學生較有利。

改革的結果，以往幾乎是憑高三考試一決勝負的學士會考產生了巨大的轉變。學士會考的成績，過去除了5％的體育平時分數以外，其他都是由大考決定。改革後包括其他科目，40％是根據高中成績計算出的平時分數，其餘60％由大考決定。這60％的細節，包括高二的法語、高三的兩科專業科目考試、哲學，以及有關專業科目的口試。

和過去一樣維持在高三的六月舉辦的考試，則是哲學及專業科目的口試。口試大約在哲學筆試後一週舉行。

直到二〇一九年為止，哲學還是法國學士會考第一個考試科目。從二〇二一年起，哲學已經是倒數第二項考試。這引發了學生能否持續專注學習的疑慮。然而，由於二〇二一年的法國學士會考受新冠肺炎疫情的影響，改採考試成績和高中成績擇優錄取的變通方式來判定合格與否，所以日程變更的影響尚不明朗。

◉「學士會考的代名詞」是哲學

雖然考試的日程因為改革而有所調整，但哲學考試在二〇二一年依然如往常般引發熱議。在考試開始一個小時後，各地媒體立即報導了當年考題。二〇二一年普通學士會考的哲學考題如下：

1. 討論是否等同於放棄暴力？
2. 無意識是否逃離所有認知形式？
3. 我們是否對未來負有責任？
4. 解釋涂爾幹《社會勞動分工論》（一八九三年）中的一段節錄。

第一至三題是論述（dissertation）題型，考生需針對問題以論述形式作答。第四題是文本解釋（explication de texte）的題型，考生需針對一段十五至二十行左右的哲學書摘，適當地解釋其結構和內容。考試時間為四小時。

聽到這些問題，大家或許會想，高中生究竟要怎麼做才能解答？一題一句的論述題型，也可能讓許多人感到驚訝。關於解題方法，將在第2章和第3章詳細說明，但即使是這種看似無從下手的題型，也有固定的解題模式。優秀的學生看到題目，就能立即開始必要的步驟。不過，首先要注意的是，法國高中生並非毫無準備地應考。

在整個高三學年裡，哲學是必修科目，每週有四小時的課程。此外，選修「人文學、文學、哲學」課程的學生，高二有四小時，高三有六小時，學習與哲學相關的內容。他們會在這些課程中學習哲學主題和概念，並掌握論述和文本解釋的解題方法。

因此，可以說考題的一句話，蘊含著出題者「展現一年訓練成果」的訊息。

表一◉哲學教育的17個概念

藝術	幸福	意識
義務	國家	無意識
正義	語言	自由
自然	理性	宗教
科學	技術	時間
勞動	真理	

表二◉哲學家列表

時代	哲學家（作者）
古代、中世紀	蘇格拉底前的哲學家、柏拉圖、亞里斯多德、莊子、西塞羅、盧克萊修、塞內卡、愛比克泰德、馬可・奧理略、龍樹、塞克斯圖斯・恩丕里柯、普羅提諾、聖奧古斯丁、伊本・西那、阿威羅伊、邁蒙尼德、托馬斯・阿奎那、奧卡姆的威廉
近代	馬基維利、蒙田、培根、霍布斯、笛卡兒、帕斯卡、洛克、史賓諾莎、馬勒伯朗士、萊布尼茲、維柯、柏克萊、孟德斯鳩、休謨、盧梭、狄德羅、孔狄亞克、亞當・斯密、康德、邊沁
現代	黑格爾、叔本華、孔德、庫諾、費爾巴哈、托克維爾、彌爾、齊克果、馬克思、恩格斯、威廉・詹姆斯、尼采、佛洛伊德、涂爾幹、柏格森、胡塞爾、韋伯、阿蘭、莫斯、羅素、雅斯培、巴舍拉、海德格、維根斯坦、班雅明、波普爾、冉克雷維、約納斯、雷蒙・阿隆、沙特、漢娜・鄂蘭、列維納斯、西蒙・波娃、李維史陀、梅洛龐蒂、韋伊、赫施、利科、安斯康姆、梅鐸、羅爾斯、西蒙東、傅柯、普特南

表三◉提示

絕對的／相對的　抽象的／具體的　現實態／可能態　分析／綜合　概念／印象／隱喻　偶然的／必然的　相信／認識　本質的／偶有的　事例／證據　說明／理解　事實上／權利上　形相的（形式的）／質料的（物質的）　類／種／個體　假說／結果／結論　觀念的／現實的　同一／平等／差異　不可能／可能　直觀的／論證的　合法的／正當的　間接的／直接的　客觀的／主觀的／互為主體性　義務／制約　起源／基礎　（邏輯的）說服／（情感的）接納　原則／原因／目的　公的／私的　類似／類比　理論／實踐　超越的／內在的　普遍的／一般的／個別的／個體的　真正的／蓋然的／確實的

◉高中生學習哪些哲學？

讓我們看看法國高中生要學習哪些內容。哲學教育的內容，是由類似於日本學習指導要領的「高中普通科畢業班哲學課程」規定。雖然沒有教科書，教學方法也交由教師裁量，但表一至三所列的「概念」、「哲學家」（作者）、「提示」（對立概念或類似概念的組合）為學習重點。

「學習內容」雖如此詳細規定，但學生並非個別學習這些概念或哲學家（作者），而是以某位作者的一本哲學書（全部或部分）為教材，橫向學習其中出現的概念和提示。或者，反過來，系統性地學習與某個概念相關的哲學家著作。

在這樣的過程中，也會以個別批改等方式，讓學生逐步理解論述寫作和文本解釋的方法。

⦿哲學教育不是為了「培育哲學家」！

因此，法國學士會考的哲學考試是評估學生一年學習的成果，並非測試學生針對問題的即時反應或文采。解答方式也有嚴格規定，這在論述（dissertation）的解題方法中尤其明顯。而論述的解題方法，正是本書所稱的「思辨模式」。

這種「思辨模式」是學校所教授的。在法國學士會考的哲學考試中，要測試的就是學生對「思辨模式」的掌握程度。也就是說，它是可以教授且可以學習的。

只要了解這種「思辨模式」並加以學習，即使不是法國高中生，也能知道如何回答法國學士會考的哲學問題。不僅如此，還能明白這種「思辨模式」並非只能用於哲學考試。

⊙「法國人都懂哲學」是真的嗎？

接下來，我們要釐清另一個常見的誤解，那就是「因為高中哲學是必修課，所以法國人都應該懂哲學」的誤解。既然高中學士會考有哲學這一科，若認為哲學必須達到一定成績才能通過考試，或許會認為法國人都懂哲學。

但事實並非如此，以下用兩個理由來說明。

第一是法國學士會考的評分機制。如同日本的考試大多以100分制評分，而法國的考試則大多是以20分制評分，法國學士會考也是如此。各科以20分來制評分，10分以上為及格。

將多個以20分制評分的法國學士會考科目，分別乘以各科預先設定的係數後，再計算出20分制的平均分數。平均分數達到10分以上，即可取得法國學士會考資格。也就是說，只要擅長科目能取得好成績，即使某些科目低於10分，平均分數仍可能超過10分而及格。

哲學是許多考生的弱項。根據哲學家盧克・費里（曾於二〇〇二年至二〇〇四年擔任國民教育部長）和哲學家阿蘭・雷諾（Alain Renaut）在一九九九年的著作中提供的稍舊數據顯示，法國學士會考哲學考試的平均分數為20分中的7分。

在普通學士會考中，47％的哲學考卷低於7分，超過71％的考卷低於10分（7分代表對問題或課題文本理解不足的程度）。也就是說，從哲學考試的成績來看，超過七成的法國高中生「不擅長」哲學。

第二個理由與合格人數有關。在新冠疫情爆發前的二〇一九年，學士會考合格者占同齡人口（可想像為日本的18歲人口）的比例為79・7％。其中，普通學士會考占42・5％，技術學士會考占16・4％，職業學士會考占20・8％。哲學是普通學士會考和大多數技術學士會考的必修科目（哲學不是技術學士會考的音樂舞蹈課程的必修，但合格者僅占技術學士會考總數的2％左右）。也就是說，同齡人口中約有59％參加哲學考試。

然而，正如前面提到的，超過七成的哲學考卷不及格。雖然是一九九九年的數據，但之後的哲學考試內容和評估方式並未改變，因此可以認為現在的情況也差不多（參加考試的同齡人口比例增加，或許情況更糟）。

如此一來，59％中只有不到三成，也就是不到18％的人「擅長哲學」。

⊙果然連法國人都未必懂哲學

事實上，就我在法國所認識的人來說，覺得哲學很難的人也不在少數。我聽很多法國人表示，高中的哲學課艱深難懂，或與老師難以溝通。

當然，專攻哲學的學生樂於鑽研，其他科系的學生也不乏對哲學感興趣而喜愛研讀哲學的人。針對沒有專攻哲學的成人哲學書，或面向一般大眾的演講往往相當受歡迎。可以說哲學作為「傳統」或「文化」，已深植人心。但是相反的，也確實有人心存「敬而遠之」的態度，我想確實對於哲學，法國人存有「雖然困難但很重要」的共通理解。

我在法國旅居十年，取得哲學博士學位。撰寫博士論文花了長達七年以上的時間，多虧法國人對於哲學懷著某種程度的敬重，讓我能潛心鑽研，順利完成論文。

反觀日本，當我提及「正在撰寫哲學博士論文」，往往會被質疑「哲學有什麼實際作用」，或是被視作異類。但同樣的話語在法國卻能贏得截然不同的反應，當事人內心的真正想法不得而知，至少表面上，他們會表達「真是厲害！」「令人敬佩！」等肯定與支持。

此外，我能夠獲得留學的機會，要歸功於一家和哲學八竿子打不著的法國大型企業提供的獎學金。而讓我在留學生涯的最後一年，能夠專心撰寫博士論文的環境，則要感謝波爾多葡萄酒產業的富豪家族，提供給大學哲學研究中心的獎學金。我認為，企業和富豪願意贊助哲學研究，充分顯示法國社會對哲學的重視。

然而，並不是說在法國撰寫博士論文一定比在日本輕鬆。蒂法恩．里維埃（Tiphaine Rivière）出版的法國漫畫《博論日記》（*Carnets de thèse*，暫譯，中條千晴譯，花傳社），內容描繪了撰寫有關卡夫卡博士論文的主角苦悶的生活，栩栩如生讓人不禁產生「沒錯，就是這樣」的共鳴，同時也讓我回顧在法國的生活之際，心想或許我覺得比較輕鬆可能是因為我是外國人。

回到正題，雖然多數法國人確實都學習過「哲學」，但並不是等同法國人「都懂哲學」。從法國學士會考的哲學成績就可明顯看出，多數法國人並不擅長哲學。這究竟是題目太難？還是評分的關係？或是其他原因，目前無法確實得知。

然而，即使如此，哲學依然在法國教育占有重要的位置。這是為什麼呢？若是了解其中究竟，應該就能得知，學習「思辨模式」究竟對我們有什麼功用。

⦿學習哲學能培養什麼樣的能力？

為什麼法國的高中生必須學習哲學呢？有關哲學教育的目的、方法、內容，可以參考我先前在介紹「概念」、「作者」及「提示」時，提及的「高中普通科畢業班哲學課程」。

我們不妨根據該課程的描述，簡要地探討哲學教育的目標。高三生一年間接受的哲學教育，具有統整初等教育與中等教育的作用，以期學生在學習哲學這個歐洲傳統知識的同時，磨練判斷力，建立初步的哲學教養。

初中等教育最後階段的哲學教育，也是基於學生過去學習的知識為基礎。舉例來說，包括文學與藝術的教養、科學知識、歷史的認識等。也就是說，必須在哲學框架中，重新建構過去從各個科目學習到的知識。因此，法語能力不用說當然是不可欠缺的必要工具。除了文法不能有誤，語彙與表達能力也是評分項目。

哲學教育是為了培養什麼樣的能力呢？最終的教育目的，是為了培育學生「提問的能力、對真理的追求與省思、分析能力，以及獨立思考的素養」。為了達成這個目的，哲學教育除了統合學生到高三為止所學的知識，還運用了哲學這樣複雜的知識，冀求拓展學生的能力。

具體來說，目標是培育以下五項能力。

1. 學生必須檢討自己的思考及知識，並檢驗其正確性。
2. 必須提出多個需要深入思考才能回答的問題。
3. 針對一個問題，比較衡量多重觀點後，提出適當的解決方案。
4. 論述有憑有據的主張及知識，將自己肯定或否定的事情正當化。
5. 能恰當運用閱讀哲學作品或從摘要學習中獲得的知識。

⦿培育「公民」的哲學教育

為什麼需要培養這樣的能力呢？這並非為了將學生培養成哲學專家。根據國民教育總視學官（負責統籌整體教育的職位）馬克・謝蘭岡（Marc Sherringham）的說法，透過哲學這個「工具」，讓學生獲得「思考的自由」，並培育「公民」，才是哲學教育的目的。

因此，哲學教育期許高中生能培養公民所需的思考能力。而思考能力唯有透過文字表達才能被評價，因此也與培養表達能力息息相關。換言之，哲學可以培養公民所需的思考和表達能力。哲學給予他們的，可說是在社會生存上如「武器」般的邏輯思考能力和表達能力。

而且這個能力，會因掌握「思辨模式」而成長。「自由思考」與「模式」乍看之下或許相互矛盾，但正因為「模式」而帶來自由的道理，我們從下一章開始說明。

第2章

何謂「思辨模式」？

⊙什麼是「自由思考」？

本書旨在引導讀者認識一套源自法國高中學士會考哲學考試的思考方法，其中最關鍵的概念是「思辨模式」。我認為正是因為這種「思辨模式」，我們才能真正實踐自由的思考。

或許有人會疑惑：「『自由思考』不就意味著擺脫一切框架的束縛嗎？」的確，如果毫無制約，我們的確是自由的，「不准……」、「必須……」等命令，常困擾或束縛我們。

然而，若因此誤以為自由即「毫無限制地做任何事」，後果將不堪設想。試想，如果社會上的每個人都抱著「凡事皆可為」的態度行事，將難以避免利益衝突。

追求自由思考，會產生不同於利害衝突的另一個難題。為了能夠自由地思考，許多人往往會努力創造前所未有的新點子或表達方式。然而，創造出史無前例的事物非常困難。

而且，嶄新的事物並非源於完全無中生有。以音樂為例，為了創作新的曲子，必須以過去的音樂史上，各種不計其數的方法與音樂樣式為基礎，創作出與過去截然不同的曲子。例如音樂家荀貝格（Arnold Schoenberg），就是平均運用一個八度音程中的十二個半音，研發出創新的作曲方法「十二音列」理論。不過，這項新技法也是針對調性音樂，批判性地繼承過往多種技巧累積的成果。

換句話說，為了開創新事物，就必須掌握音樂這個領域過往所累積的知識與成果。不只是文學，美術也是，當然科學也是一樣。承襲過去的基礎，絕非繞遠路，而是必經的途徑。

如果忽略這些過往的累積，很可能在不自覺間，將前人早已實現的成果誤認為是創新（這就是所謂的「重新發明輪子」），或者無視該領域的「潛規則」，而創造出難以被他人接受的作品。

舉例而言，企圖撰寫哲學著作卻僅僅仿效維根斯坦（Ludwig Wittgenstein）的《邏輯哲學論》，或史賓諾莎（Baruch Spinoza）的《倫理學》；又或者想創作小說而模仿喬伊斯（James Joyce）的《芬尼根守靈》[*1]，或模仿喬治・佩雷克（Georges Perec）的《消失》[*2]。即使饒富趣味，也很難想像這樣的模仿能獲致成功。

*1：*Finnegans Wake*。本書使用大量的意識流手法，充斥新造字、混合字、錯誤文法、顛三倒四的語序，使本書堪稱西洋文學史上最難懂的小說。

*2：*La Disparition*。全書刻意不使用法語或英語最常出現的字母「e」的奇特作品。

⊙自由與制約並非對立！

話說回來，自由真的無所制約嗎？答案是否定的。制約中仍有自由創造的可能。或許該說，有時正因為制約，反而更能激發創造力。

以日本傳統文學的短歌及俳句為例，兩者分別有三十一字與十七字的限制。而且，俳句更進一步要求必須融入季節語。但短歌及俳句並沒有因為這樣的嚴格規範，而被視作缺乏創造性的文學形式，相反的，正是這些制約，使得創作更顯豐富多元。

這個道理同樣適用於思考領域。難道原創思考不僅在內容，表現方式也必須追求前所未有嗎？反過來說，若是內容及手法都刻意求新，反而可能艱澀難解。全然嶄新的思想，有時可能需要漫長的時間才能被理解，甚至可說若是理解者未能從中受益，便難以獲得重視。當然，如果是出自具有高度影響力的公眾人物之口，情況或許另當別論，但我們多數人所表達的事情並非如此，所以優先要做到的是「別人願意讀」、「他人能夠理解」。

正因如此，才衍生出了各式各樣的表達方法。本書所要介紹的，便是將個人思考，以某種「模式」呈現的方法。

⦿套用「模式」的優點

或許有人會質疑，將個人思考模式化的作法，難道是正確的嗎？經過這種套路化的議論，真的具有那麼高的價值嗎？

然而，這裡所談的「模式」，並不是決定論述的內容，而是一開始先決定論述的結構，也就是哪個部分應該撰寫什麼樣的內容。極端的情況，可以將正反雙方的意見套用在相同的「模式」來表達。舉例來說，不論是贊成或反對社會福利救濟費用的刪減，都可以使用相同的「模式」來陳述。此外，不論是支持哪一立場的論述，這個「模式」也會因為論述者的立場而產生極大的差異。

就這層意義而言，或許「思辨模式」很類似自然科學的論文。多數自然科學的領域，論文都是以「序論↓方法↓結果↓考察」模式（或者類似模式）來撰寫。尤其是以英文撰寫論文之際，論文中頻繁出現的詞彙或表達，會盡可能以和讀者能共通理解為前提書寫。

就這個意義來說，自然科學的論文嚴格依循「模式」，但並不影響內容的原創性。反而應該說「模式」的功用，在於盡可能讓多數人理解原創想法的結構。

本書所探討的「思辨模式」也扮演類似的角色，更重要的是，這樣的模式相較於自然科學論文的「模式」，能夠應用於更廣泛的議題。我接下來會逐步探討細節。

⦿標榜「自由論述」的不自由

即使如此，依然可能有人不習慣依循模式表達自己的想法。我先舉個例子說明。

現在大學這類的題目應該已經大幅減少，但過去在大學的報告或考試中，常出現「請就～自由論述」或「請闡述你所知道的～」等考題。我記得自己在一九九〇年代後期就讀大學時，就遇過這類考題。我還記得當時看到這些題目，曾心想「這真是很大學風格的題目啊」而感到佩服。

然而，在感歎「這真是很大學風格的題目」的同時，也有無從下手的困惑。這是因為，雖然考題寫著「自由論述」，我卻不知該從何下手，當時也曾隨便寫寫敷衍了事，或是放棄提交報告。如今回想起來，我是個缺乏毅力的學生，然而當我站在教育者的角度思索，也才覺得這類出題形式有所缺失。

「請就～自由論述」的題目，就出題者而言十分輕鬆。這樣的題目學生不論寫了什麼內容，只要就內容來評分就可以了。但問題是那個「內容」究竟是什麼？「就～」的題目是確定的，但因為論述的方式無所拘束，也就無法從題目得知出題者想要的是什麼。

或許有人會主張：「大學的學習不就是要思考嗎？」但現在的大學教育，與二十年前截然不同，大學入學率上升、社會的巨大變化等，使得大學教育也產生很大的變化。像我這樣，在日本大學教育經歷顯著變革後才任教的人，認為這種傳統的出題方式已經不適用了。

說起來，報告或考試是用來確認學生學習一門科目的情形再加以評分。「請就～自由論述」的題型，也會形成大量與上課內容無關的答案。如果這樣的狀況也可以接受，那麼在學校的課業就沒有必要，一開始就讓學生自由論述即可。

⊙「自由論述，記述所知」——複製貼上的地獄

而且，「自由論述」和「記述所知」這兩種題目都存在一個共同的問題。那就是，如果學生不理解該寫什麼，很容易就會變成只是堆砌知道的東西。如果寫出的答案或報告只是把看似相關的東西塞進去，往往也不清楚各個要素之間的關聯性，結果就很容易變成只是按照記憶的順序，把自己知道的知識或記憶一大串地羅列出來（我這是在反省以前的自己）。

問題還不僅如此，撰寫報告課題時尤其會造成問題的是複製貼上的行為。直接從網站複製貼上輕而易舉，因此「自由論述」和「記述所知」這類報告中，充斥著出處不明的文章也是可想而知的事了。

當然，從教師的角度來看，通常能夠察覺明顯東拼西湊，或是超出學生知識、文章能力的報告。此外，從複製貼上的文章裡搜尋具特徵的段落，也有很大的機會可以找到原始文章。我以前曾經看過文章當中突然冒出一句「就連鼎鼎大名的德勒茲也不會那樣主張吧？」的句子。我在批閱報告時忍不住內心吐槽：「咦，你這麼推崇德勒

茲喔？但根本不了解人家吧？」（不出所料，這段文章後來被證實果然是複製於某個部落格。）

這類複製貼上的問題，不僅會妨礙一門課程的評分，習於以這個方式取巧的學生，恐怕也會變成不是把重點放在大學可學到什麼，而是如何投機取巧來取得學分。何況，複製貼上的來源是別人的創意，擅自把文章作為己用，在道德上不被容許。即使在大學可以用這樣的方式畢業，出了社會面對嚴峻的挑戰時，究竟會怎麼樣呢？

然而，這也不能只怪學生，讓學生有機會輕鬆取巧交作業的教師也有責任（哲學博士成瀨尚志的《引導學生思考的報告課題》〔学生を思考にいざなうレポート課題，暫譯，HITSUJI書房〕等作中，積極研究如何設計出防止學生直接複製貼上的報告課題）。

複製貼上不僅違反學術倫理，在某些情況下更是剽竊行為，可能觸犯法律，而且也無法從中學習任何知識。實際上，運用「思辨模式」的最初發想，也源於一個問題：「如何才能有效防止學生以複製貼上的內容提交報告作業？」若一開始就將應該撰寫的內容或順序決定好「模式」，必然無法輕易直接使用其他來源的現成文章。例如涵蓋了「模式」中不需要的元素，或是不需要的內容等問題點，只要一讀就能一目瞭然。雖然這並非唯一考量，但對於打造一個無法複製貼上，促使學生自行思考的環境，我認為能發揮成效。

讓我把這些重點整理一下。「自由論述」類的問題，實質上並不自由。在沒有指示如何論述的情況下，大家會根據過去的經驗及自己的想像來論述。但我們無法得知這樣的論述是否切合出題者的意圖（甚至不清楚他們是否有特定想法），而且當事人所認為的理想文章，也未必適合用來有條理地闡述論點（特別是那些相信文藻華麗、艱澀難懂的文章才是佳作的人）。如果「自由地論述」，形成的結果很可能不是秩序，而是混亂。

「記述所知」類的題目也有相同的缺點，因為只是羅列出知識，並沒有傳達出真正想表達的是什麼。重要的是知道自己所擁有的知識，哪些是必要而哪些不必要，而且這些必要的知識當中格外重要的是什麼，以及這些知識中存在什麼樣的關係，該以什麼方式表達呈現。如果只是「記述所知」，就不會有這些顧慮。

⊙以「思辨模式」自由思考！

我想要透過本書介紹一種「自由思考的方法」，這個方法有別於以「自由論述」這類問題所代表的，那種「將自由視為毫無限制」的概念。

那就是依據法國高中生接受學士會考哲學考試而思考出的方法。在學士會考哲學考試中最重要的，是論述必須依循一開始就決定的「模式」。如果只是自由地闡述自己的想法，只能得到低分。

首先是學習「模式」，如何在「模式」中表現自己的思想比任何事都重要。換個說法，就是遵守「模式」，有條有理地提出自己的意見，什麼樣的內容都沒關係。例如，「勞動能使我們更有人性嗎？」的問題，不論是站在贊成或反對的立場論述都是個人自由，並不存在「正確的」意見或「唯一的解答」，評斷的標準在於是否以邏輯的方式導出結論。

從這個角度來看，「思辨模式」在規範思考表達方式的同時，有關思考的內容，只要符合邏輯論述條件，便也有了自由的空間。換句話說，遵循既定的「模式」，便能享有自由。這和前面所舉的俳句、短歌或是必須遵守既定規則的運動田賽項目或許也有異曲同工之處。

以足球比賽來說，存在全世界共通規則的「模式」，但沒有任何一場比賽是相同的。換句話說，並不是套用「模式」就不自由。反而正是因為有制約，我們才能更自由奔放地思考。

接著，我們就具體來看看究竟什麼是「思辨模式」吧！

⦿「思辨模式」是如何形成的？

法國高三生哲學考試的小論文解答方式，有清楚的規範。比方說，翻閱高中會考哲學應試參考書，無論書籍的難易度，幾乎每一本都以大同小異的敘述方式撰寫相同的內容。

這樣的應答方式正是所謂的「模式」。廣義來看，這個「模式」是從分析問題的方法直到解答的全部內容；就狹義來說，則是指小論文解答結構的固定格式。狹義的

「模式」由「引言」、「正文」、「結論」這三個要素組成。「引言」部分，是分析問題，把問題改寫成幾個問句，清楚表達思路方向。

例如二〇一八年的題目：「欲望顯示的是人類不完美的指標嗎？」必須先定義「欲望」、「不完美」、「指標」等詞彙的意涵，接著再從問題延伸，列舉出如「欲望有什麼樣的作用？」「由於欲望而導致的不完美，是值得期盼的嗎？」等多個問題，預告之後的闡述方向。

正文部分，則是分別對於問題的肯定意見及否定意見，清楚分析闡述為什麼會有這樣的主張。以前面的題目為例，肯定意見（欲望顯示的是人類不完美的指標）及否定意見（欲望顯示的並不是人類不完美的指標），分別是根據什麼樣的哲學論述以證明這個主張是正確的？接著針對這兩個立場的界限及問題點加以論述。此外，必要的話，也要整合這兩個意見提出第三個意見來論述。這樣的正文結構，是依循「正、反、合辯證法」的結構。

結論部分，則是簡要總結正文的論述，就問題提出答案。正確的究竟是肯定意見或否定意見，或是提出第三個觀點，則因正文內容而有所不同，但簡單扼要重述之前的論述來回答問題，是結論部分的目的。以所舉的題目為例，結論可能是「欲望顯示的是人類不完美的指標」，或「欲望顯示的並不是人類不完美的指標」，或是整合兩者的意見，「欲望顯示的是人類不完美的指標，同時也是邁向完美的力量」。

不論問題是什麼，小論文都必須以這個「模式」來解答問題。反過來說，偏離這個模式的答案，不論提出多麼出色的創見，或是以多麼詞藻優美的法語來論述，都只能得到低分。

或許有人會質疑，能否以單一「模式」來應答所有問題。當然，能夠以此模式解答的題型有一定的限制，因此並非任何情況下這種「模式」都適用。然而，大學學士會考哲學考試的小論文問題，涵蓋哲學的諸多層面，從這個角度來看，可以說非常廣泛的問題都能用這個「模式」來解答。

⊙「思辨模式」如何被評價——三項要素

接著，我們來看看以這個「模式」撰寫的小論文，將如何被評分。評分主要依據三個要素。

第一項要素是問題分析。是否能定義、分析提問的詞彙、概念；列舉出針對提問的可能答案，以及將問題拆解為多個問題、清楚應該論述哪些問題，都是評分項目。

第二項要素是結構。是否能恪守引言、正文、結論的結構來論述，每個部分是否能論述必要的內容，是評分項目。

這兩個項目如果都能確實論述，就足夠取得及格分數，但若是希望得到更高的分數，第三項要素也必須獲得高分，那就是引用哲學典故。小論文必須將個人主張以哲學證據來佐證，這時候，並不是如「亞里斯多德（Aristotle）曾說……」只簡要地書寫哲學家的見解，而是正確註明出處，才能取得更高的分數，例如「根據亞里斯多德《尼各馬科倫理學》第十卷第七章寫著……」。

這裡必須注意的是，不是僅寫出「亞里斯多德曾說……」，而是必須詳實而具體地寫出所引用的書籍、章節。同時，也要注意引用務求正確。因此，在一年間有必要背誦重量等級的哲學書引用內容。

0～5分：	完全未理解題目，內容空洞。
6～10分：	未理解題目（6～7分），但看得出歸納想法而做的努力（8～9分）。
11～15分：	確實理解題目，不是僅重複羅列自己的知識，也能分析與論述。
16～20分：	具有一切優點的答案（對題目的理解、結構、引用完備等）。

當然，沒有必要把一本書從頭到尾背得滾瓜爛熟。只需記熟頻繁出現的引用及象徵的哲學意義便十分足夠（雖然光是如此也相當辛苦）。市面上也有彙整重要引文的參考書籍，學生就是藉助那些書籍的輔助，將關鍵的引用記在腦海。從這個意義上來說，即使是哲學也有「背誦科目」的性質，需要的不是聰明才智或優美的文采，而是腳踏實地且持續不懈的努力。

然而，這類引用的重要性，通常只在進階參考書中提及，因此這可以說是為了志在取得高分的少數頂尖學生而提出的建議。優秀的學生能夠背誦在西方被視為文化素養象徵的文學作品（特別是詩歌），也能夠背誦哲學著作的段落。

⊙優良解答是什麼樣的解答？

一如上述，法國高中會考的測驗滿分是20分，10分及格。某一本參考書基於這樣的評分標準，將會考哲學測驗的小論文列出如右表的評分標準。

題目分析、論述結構，以及引用豐富的答案，被評價為優良解答能獲得高分。就如我們前面說的，目前的法國高中生，能寫出優良解答的並不多。但我們可以從高中會考的哲學測驗看出其中蘊藏著什麼樣的理想。也就是說，理想是教育出能夠批判檢討問題，在既定的結構下解答，並能正確引經據典來佐證論述的學生。這才是哲學教育的目的，而高中會考的哲學測驗也在測試其達成狀況。

⊙「思辨模式」的運用方法——公民教育的哲學

我在第1章曾提及，高中哲學教育的一個重要目的是培育公民。而這樣的「模式」，是在什麼樣的意義下對培育公民有所幫助呢？

那就是分析問題，以及能夠明確根據證據，檢討肯定與否定雙方立場的意見。

不論是增稅或修憲議題，當我們討論一個議題前，首要之務是嚴謹地界定詞彙及概念所意指的事物，並釐清其內在的對立性。執行這些步驟，便是問題分析的步驟。

再者，是檢討持肯定意見和否定意見的雙方，不論個人傾向贊同哪一方，目的都是以肯定和否定雙方皆有其合理根據的前提下，將這些依據清楚地展現出來。

當然，問題分析以及充分考量贊成與反對雙方的觀點，無論在日本或法國，都未必是社會大眾普遍採納的程序。尤其在政治議題上，判斷極易受到黨派分歧、利益牽扯、先入為主的觀念等而改變，嚴重時甚至可能遭到扭曲。

然而，即使現實情況如此，我們也無須全然接受現有的決策模式。更重要的是，我們應當理解分析真正問題所在，然後檢討評估各種可行方案的程序。這是很重要的理念，而實際擁有訓練這種能力的機會更是絕對必要的。法國將這種機會納入初中等教育體系，可以說至少在教育理念，認同其重要性。

高中學士會考哲學考試，藉由思考那些在某種程度，甚至相當程度上脫離現實生活的哲學性提問，為學生提供了鍛鍊分析問題和檢視不同意見的場所。而且，哲學性問題可以設定與現實不同的各種情境，有時甚至是極端的狀況，藉以啟發並培育思考者的理性思維。更特別的是，這些問題往往以簡潔的一句話呈現，這正是此項考試的特色。

接下來的章節，我們將結合練習題目，深入探討學士會考哲學考試題目的特點與解題方法。

第3章

「思辨模式」的整體概觀

前面介紹了什麼是法國哲學教育與法國高中學士會考哲學考試，哲學教育扮演了培育「公民」的角色，而「思辨模式」則可以完成任務。

在這一章，我將詳細解說，學生如何藉著法國哲學教育養成「思辨模式」；以及根據學士會考而受評價的「思辨模式」究竟是什麼。

⦿考生如何解答問題

想像看看你是準備接受學士會考哲學考試的高三生。你坐下來，等著即將開始的考試。考試馬上就要開始，這是過去讀了一年哲學的成果展現。

監考老師發下問題卷及答案卷，考試開始。你先在答案紙上寫下准考證號碼，接下來必須在四小時內撰寫答案。

那麼，一開始你該做什麼呢？首先你必須選擇要解答的題目。你瀏覽了小論文與考題說明，並選定其中一題。題目是「理性是否能說明一切？」，這是二〇一七年法國高中學士會考經濟社會組的考題。

題目選好了，接下來該做什麼呢？你不能急於動筆作答。在這之前，你必須先透徹理解題目的核心意涵。這個步驟，稱為「問題分析」。

完成問題分析後，依然不能立即著手作答。就如我在第2章的說明，小論文分為「引言」、「正文」、「結論」三個主要部分。你必須先擬定這三個部分的詳細結構大綱。將這個結構大綱撰寫成完整的文章，才能構成小論文的最終答案。

從問題分析到完成結構大綱，一般來說需要兩個小時左右，也就是四個小時的測驗時間已過半。換句話說，剩餘的兩個鐘頭你必須全力以赴，依據先前擬定的結構大綱撰寫答案。寫文章當然不是件容易的事，而小論文的結構大綱是否完善又關係著答案的品質，所以前半部的作業絕不能輕忽草率。

我們先歸納一下考生在書寫小論文前必須完成的步驟：

1. 選擇問題
2. 分析問題

3. 擬定結構大綱

在這三個步驟當中，對我們而言，最關鍵的是分析問題與擬定結構大綱。這兩個步驟如何進行，該撰寫什麼樣的內容，祕密就在「思辨模式」中。

⊙辨識題目的主題

題目分析又分為幾個步驟。

首先是必須確定考題的核心主題是什麼。回顧我在第1章所提到的「哲學教育的17個概念」（參考第32頁表一），首先，這個題目應該和「理性相關」（嚴格來說這是課綱的題目，但我們依循新課綱來思考）。接著，考量到「說明」這種行為，主要是藉由語言來闡述某件事物的本質，所以必然與「語言」相關。並且，「說明」的其中一個目的是釐清真相，因此或許也有必要探討「真理」。

當然，高中生未必能在腦海中整理出這樣的思維形式。所以可能是邊回想課堂上老師教了什麼、自己讀了哪些參考書等，來辨識考題的核心主題。不過，多數考題都會清楚寫出關鍵字，因此最重要的核心主題辨識，應該不至於太困難。

◉辨別題目的形式

其次，重要的是辨別題目的形式。什麼是題目的「形式」呢？實際上，學士會考哲學考試的出題形式有幾個固定類型，只要先知道這些類型，就能清楚如何回答。現在我們來看看有哪些類型，以下列舉的考題都是法國高中學士會考出現過的題目。

1 能～嗎？（能夠～嗎？）：有關可能性的問題

例：藝術能改變社會嗎？

2 可以～嗎？（允許～嗎？）：有關權利的問題

例：正義的人可以做違法之事嗎？

3 應該～嗎？：有關義務或必然性的問題

例：美和真理適合分開來看待嗎？

4 ～就足夠了嗎？：為了達成目的，某個條件是否充分的問題

例：要尊敬他人，光是保持禮貌就夠了嗎？

5 ～為真嗎？（～是正確的嗎？）：某個宣言正確與否的問題

例：「人類只能得到和他們自己一樣的政府」這種說法正確嗎？

以上題目是法國高中學士會考哲學考試經常出現的形式。「理性是否能說明一切？」的考題，就屬於第一類「能～嗎？」的問題類型。

當然，有時考題也會超出以上的題型，例如下列題型。

6 以「是」或「否」句式回答的問題

例：藝術家是自身作品的最佳詮釋者嗎？

7 在問題中提出答案選項的題型

例：宗教能夠使人們團結還是分裂？

關於這兩種題型，可以藉由接下來要探討的回答方式來理解。

相對於前述兩種可以回答「是」或「否」且提供選項的形式，以下題型無法用「是」、「否」回答，且沒有提供任何選項。

8 「什麼」、「誰」、「如何」、「為什麼」的提問

例：所謂的理解他人是怎麼一回事（是什麼）？

所謂藝術家是什麼樣的人（是誰）？

要怎麼做才能知道我是什麼樣的人？

為什麼要探求歷史的意義？

語言如何啟發我們思考？

這一類的題型，是過去的法國高中會考哲學測驗經常出現的考題，但目前較少出現，因為這些問題並不像「是」或「否」般，可以單純以二擇一的方式來作答，難度較高。

針對可以用「是」或「否」作答的提問，不論採取何種表達方式，只要給出「是」或「否」的答案並佐以論證，就算充分回答了。然而，諸如「……是什麼」這樣的問題，應該採用何種論證，以及回答到什麼程度才算完整，都缺乏明確的標準。考生很可能寫出那種想到什麼就列什麼，毫無條理歸納的答案。這樣的答卷，不只難以衡量考生的能力，對於閱卷者（身為高中哲學老師的我）來說，也會變成不得不閱讀冗長且缺乏重點的答案，徒增許多負擔。

當然，學習如何回答「什麼」、「誰」、「如何」、「為什麼」的開放式問題也很重要。有關這類題型的作答方式，我們將在第6章探討。這一章則是先針對一到七這類封閉型問題的作答方式來說明。

⦿釐清問題中的詞彙定義

讓我們回到本章開頭所舉的例子：「理性是否能說明一切？」既然主題和問題的形式都已明瞭，接下來該怎麼做呢？就是定義詞彙。

在問題的陳述中，出現「理性」這個名詞和「說明」這個動詞。如果沒有明確界定它們各自的含義，很可能在討論的過程中，因為詞語的使用產生歧義，而使得討論的邏輯變得混亂。

此處所謂的「定義」，並非一定要採用辭典上的解釋。無論是「理性」還是「說明」，都是在各種不同脈絡下使用的詞語。國語辭典的定義，是為了能在各種語境下使用而取得的最大公約數。引用包含與討論無關的辭典定義，反而可能模糊了我們真正想要探討的焦點。

遇到這種情況，一個可行的方法是先構思在討論中暫時可用的定義，然後在討論的過程中，補充不足之處，剔除不必要的部分。回答問題的重點，並非確立問題陳述中詞彙的普世定義，而是提供討論當下所需的定義。就這個例子而言，不必試圖為「理性」和「說明」尋求完美的定義（因為這本來就不可能）。

目前，我們暫且將「理性」定義為「邏輯思辨的能力」，將「說明」定義為「清晰闡述事物或事件的特徵、性質以及它們導致的法則規律或因果關係」。隨著討論的深入，這個定義會被重新檢視，並應該會成為足以解答問題的定義。

由此可知，要完成法國高中會考哲學科的小論文，必須反覆推敲各個部分，同時確保整體邏輯連貫，充分且適當地涵蓋所有必要的論點。這樣的小論文並非那種從頭到尾一氣呵成，直接導向結論的文章。當然這種寫作方式也適用於報告、畢業論文以及職場上需要的各種文件。

⦿以「是」或「否」回答問題

在暫且定義了問題中出現的關鍵詞之後，接下來必須做什麼呢？那就是試著用

「是」或「否」來回答問題。讓我們重新看看先前的問題形式。「什麼」、「誰」、「如何」、「為什麼」以外的問題形式，全部都可以用「是」或者「否」來回答。

舉例來說，針對第一種「能～嗎？」的題型，「藝術能改變社會嗎？」的問題，我們可以提出兩種答案：「藝術能改變社會」（是），以及「藝術不能改變社會」（否）。「理性是否能說明一切？」這個提問也是相同的狀況。我們可以思考出「理性能說明一切」（是），以及「理性不能說明一切」（否）這兩種答案。

「是」和「否」，或者說以肯定和否定來回答問題，都是對問題提出極端的解答。我們可以支持任何一方的立場，也可以綜合兩者而提出第三種回答。不過，必須是先嘗試回答出「是」或「否」之後，才有可能得出第三種解答。

換句話說，必須先對於提問站在正反雙方的立場，回答「是」或「否」，接著探討支持這兩種立場的立論基礎。也就是說，不論是對於提問的贊成意見或反對意見，都必須要有明確的支持證據。

這是在論述時絕對不能省略的步驟，檢討正反雙方的觀點後再作出的結論，必須確保不只是基於單方面的意見，還納入了對立觀點的考量。就如我在第1章說過的，這是生活在民主主義社會的我們，必備的重要素養。而培養這種資質的訓練，就是針對那些看似簡單的問題，嘗試給出「是」或「否」的答案。

以下我們先做幾個練習。請試著就前面2到6的題目，回答「是」或「否」。

實作練習

2 正義的人可以做違法之事嗎？

是：

否：

3 美和真理適合分開來看待嗎？

是：

否：

4 要尊敬他人，光是保持禮貌就夠了嗎？

是：

否：

5 「人類只能得到和他們自己一樣的政府」這種說法正確嗎？

是：

否：

6 藝術家是自身作品的最佳詮釋者嗎？

是：

否：

解答範例

2 正義的人可以做違法之事嗎？

是：正義的人即使違法也沒關係。

否：即使是正義的人也不能違法。

3 美和真理適合分開來看待嗎？

是：美和真理應該分開來看待。

否：美和真理不應該分開來看待。

4 要尊敬他人，光是保持禮貌就夠了嗎？

是：要尊敬他人，光是保持禮貌就充分足夠了。

否：要尊敬他人，光是保持禮貌並不充分足夠。

5「人類只能得到和他們自己一樣的政府」這種說法正確嗎？

是：「人類只能得到和他們自己一樣的政府」的說法很正確。

否：「人類只能得到和他們自己一樣的政府」的說法並不正確。

6 藝術家是自身作品的最佳詮釋者嗎？

是：藝術家是自身作品的最佳詮釋者。

否：藝術家並不是自身作品的最佳詮釋者。

或許在用字遣詞上稍有差異，但大致上只要依循解答範例回答就可以了。有時根據提問內容，在回答「是」或「否」時，有人可能會加上「這裡是這麼想的」，或「這裡我想這麼做」的意見。不過因為這裡還只是準備作業，所以只需以簡潔回答問題為目標。

⦿注意問題細節

雖然有好幾個問題我們回答了「是」或「否」，但有些問題需要注意，那就是可能因為問題的某些表達，使得「是」或「否」的回答，甚至問題本身的意義發生改變。我先舉兩個例子說明。

1「我經常能說明自己想要的東西嗎？」

這個題目重要的是「經常」這個副詞。題目中有沒有這個詞彙，對於「是」或「否」的答案將產生很大的影響。

如果刪去了「經常」這個詞彙，題目變成「我能說明自己想要的東西嗎？」，答案為以下兩種：

是：我能說明自己想要的東西。

否：我無法說明自己想要的東西。

如果是這樣的答案，「否」的回答，就變成我完全無法說明自己的欲望，成了一個極端的意見。

相對的，如果題目是「我經常能說明自己想要的東西嗎？」，則答案如下：

是：我經常能說明自己想要的東西。

否：我並不是經常能說明自己想要的東西。

「否」的回答，和題目中沒有「經常」的情況並不一樣。「並不是經常能說明自己想要的東西」意思是有時能說明，有時無法說明。和先前問題的否定回答相較之下，更為四平八穩。同時，這個回答也顯示出，必須探討什麼狀況下能夠說明，而什麼狀況下無法說明。只是一個「時常」的簡短詞彙，答案就會不一樣。

2「歷史只不過是事實的陳述嗎？」

這個題目重要的是「只不過」這個表達限定的詞彙。如果刪去了這個詞彙，題目變成「歷史是事實的陳述嗎？」，有無這個詞彙，會有什麼差異呢？

對於「歷史是事實的陳述嗎？」，答案如下：

是：歷史是事實的陳述。

否：歷史不是事實的陳述。

所謂的歷史，究竟是陳述事實，還是歷史以外的（例如神話或虛構），答案將形成對立的狀況。

相對之下，如果提問是「歷史只不過是事實的陳述嗎？」，則答案可能如下：

是：歷史只不過是事實的陳述。

否：歷史並不是只限事實的陳述。

「是」的回答，主張歷史只是集合事實的內容。但相對的，「否」的回答，則形同主張歷史除了闡述事實，還具備其他的功能或任務。不單純是歷史是否陳述事實的問題，而必須回答如果歷史並非單純陳述事實，那麼歷史究竟是什麼？

「理性是否能說明一切？」的提問，也有一個必須注意的詞彙，那就是「一切」。「一切」的範圍究竟有多廣？是全世界發生的一切事物，還是指涉其中的一部分領域？「一切」這個詞彙，會影響解答的內容。反過來說，如果忽略「一切」一詞的重要性，就無法完整回答這個題目。

法國高中學士會考哲學科的考題都是簡短的一行文字，但其中涵蓋許多應該審慎解讀的資訊，並且也有一套提取資訊的步驟。這種步驟是「思辨模式」中非常重要的組成部分。

⊙把題目拆解成數個問題

來看看另一個從題目找出資訊的方法。

以「是」或「否」回答問題後，接下來該怎麼做才好呢？這兩個回答表現的是對題目截然相反的立場。回答時當然應該根據理由選擇「是」或「否」，或者統合兩者立場提出第三個選項。也就是說，「是」或「否」的兩個答案不可能同時並存。

對於「理性是否能說明一切？」的題目，我們可以得出「理性能說明一切」及「理性不能說明一切」。兩個答案明顯相反，不可能同時並存，所以有必要說明哪一個才正確，或是從各個角度比較後，提出兩者皆不正確的結論。

因此，把題目「拆解」成數個問題是有用的。一個問題的背後，往往隱藏了形形色色的概念或不言而喻的前提。將這些問題的前提明朗化，就能說出「是」或「否」的立場為什麼是正確的，或是探討什麼樣的情況是正確的。「拆解」提問，是為了做這些比較的準備作業。

那麼，具體來說，該怎麼「拆解」呢？有兩個作法，一是定義相關詞語，二是清楚論述「是」或「否」這兩個立場。

第一個方法和詞語論述相關。前面我們已討論過定義的重要性，這裡就以問題的形式來表現吧！

在「理性是否能說明一切？」的提問中，潛藏著「何謂理性？」與「何謂說明？」這兩個問題。此外，若是注意「一切」這個詞語，便可以提出「『說明一切』是怎麼一回事？」

第二個方法，是運用「為什麼」、「如何」、「假設~的話~嗎？」等疑問或假設的表現，可以成為比較「是」與「否」選項時的參考。以下就針對「理性是否能說明一切？」的提問，運用「為什麼」、「如何」、「假設~的話~嗎？」來提出問題。

1 為什麼？

提出詢問理由的問題。

以所舉的提問為例，就是分別從「是」或「否」的立場，提出「為什麼理性能說明一切？」或「為什麼理性無法說明一切？」這兩個問題。被問到這樣的問題時，回答就變成必須基於證據，論述兩個立場的正確性。

2 如何？

可以詢問方法、採取的手段及呈現的狀態。援用前面的例子，我們可以提出「理性是如何能夠說明一切呢？」這個提問。這是詢問理性在說明事物之際，是以什麼樣的方式運作的問題。相反的，「理性是如何不能夠說明一切呢？」則感覺不太自然。

如果換個說法，改成「無法以理性說明的，是什麼樣的事物？」就比較容易明白了。如果是這樣的說法，對於「理性無法說明一切」的「否定」立場，就能回答「那麼，理性在說明哪些事物時會失敗」。像這樣無法機械性地套用時，尋找並未改變意義的不同說法，也是一種方式。

3 假設的話～嗎？

還有一個方法，我們也可以使用「假設～的話～成立嗎？」這種問句形式。這是先基於假定的前提來推論，可能產生什麼結果的問句。這樣的形式可以和「什麼」、「為什麼」、「如何」等一起組合使用，讓問題更加明確。針對「理性可以說明一切嗎？」的提問，我們可以思考以下假設問題：「假設理性無法說明一切，那是什麼樣的情況呢？」「假設理性可以說明一切，可以預測將是什麼樣的結果呢？」

4 ～和～之間有什麼樣的關係？或～和～的差異為何？

如果提問當中有好幾個要素時，這一類的問題形式，可以列出這些要素間有什麼關係。稍微變化「理性可以說明一切嗎？」這個問題後，我們可以提問：「理性可以說明的事物和理性無法說明的事物有什麼樣的關係？」「理性可以說明的事物和無法說明的事物之間的差異為何？」

5 使用法國學士會考哲學考試的問題形式

此外，我們也可以參考之前提到的法國高中學士會考哲學考試中所使用的問題形式。例如：「理性是否應該能說明一切事物？」「理性的作用僅僅在於說明嗎？」「理性是在說明，或是在詮釋？」等各式各樣的問題。把遇到的問題形式化為己用，靈活運用，那麼問題的變化將會更加豐富吧！

在討論「是」與「否」這兩個答案選項時，使用像這樣的疑問表達方式，就能清楚呈現需要討論的重點。這裡設計出來的問題，是「拆解」原本的問題後，將一個「問題」轉換成「一系列相關的疑問」而形成的。法國高中會考哲學考題經常以一句話呈現，但經過這樣的分析步驟，就會變得更容易作答。

實作練習

那麼，我們來實際練習將「問題」轉換成「一系列的疑問」吧，這裡以二〇一九年提出的兩道問題為例：

1 **承認義務是否就意味著放棄自由？**

2 **法律真的能帶給我們幸福嗎？**

請針對這兩道問題，各自提出至少五個以上的相關疑問。

解答參考

1 **承認義務是否就意味著放棄自由？**

- 什麼是義務？
- 什麼是自由？
- 承認義務是什麼意思？
- 放棄自由是什麼意思？
- 有可能做到放棄自由嗎？
- 放棄自由是可以容許的嗎？
- 什麼樣的情況能放棄自由？

- 若是承認義務，就必須放棄自由嗎？
- 為什麼承認義務，就必須放棄自由？
- 義務與自由有什麼樣的關係？
- 放棄與限制自由之間的差異為何？
- 即使承認義務也不必放棄自由的話，需要哪些條件？

2 法律真的能帶給我們幸福嗎？

- 什麼是法律？
- 什麼是幸福？
- 法律帶給我們幸福是什麼意思？
- 什麼樣的法律能帶給我們幸福？
- 為什麼法律能帶給我們幸福？
- 假設沒有法律，我們是不是就無法幸福？
- 什麼樣的情況下，法律無法讓我們幸福？

・法律是為了讓我們幸福而存在的嗎？
・法律與幸福之間有什麼樣的關係？
・訂定法律與打造幸福之間的差異為何？
・法律一定要讓我們幸福嗎？

以上所舉的只是一部分的範例。只要從考題延伸出各種不同的提問，我想應當就能明白需要探討哪些問題，並且從中獲得回答的線索或方向。

⦿蒐集並運用論證

因此，撰寫小論文時，我們需要辨識問題的主旨，先初步定義關鍵的詞語，仔細留意各個細節，然後嘗試以「是」或「否」回答，並且將原問題拆解為一系列相關的疑問。以上這些步驟，都屬於「分析問題」的過程。

接著，我們需要針對「是」和「否」這兩種答案，分別蒐集論證依據。所謂論證依據，就是用來支持某個觀點正確性的證據。在法國高中學士會考哲學考試中，最重要的就是歷代哲學家的主張。考生必須思考，哪些哲學家的哪些主張，能夠成為支持「是」和「否」各自立場的論證。具體會探討哪些哲學主張，將在下一章詳細說明。

然而，光是引述「哲學家是這樣說的」並不足夠，那樣只會淪為堆砌哲學家的主張，而是必須在使用哲學家主張的同時，以自己的文字和清晰的邏輯來論證每個立場的合理性。各種哲學主張是用來加強我們自身的邏輯，本質上是輔助的角色。

更重要的是，論證的呈現必須使包含引用的各個環節，都是因內在邏輯而相互連結。換句話說，引用雖然是能強化支持主張的權威，但不能只是仰賴權威。我們必須清楚說明為何引用該權威是合理的。

因此，在決定選擇論證的同時，必須思考自己究竟想表達什麼觀點，以及採取什麼樣的論證流程。這是我們在動筆撰寫答案之前，就應該先思考的步驟。為了順利進行這項工作，必須事先擬定結構大綱。

⊙結構大綱決定小論文的品質

完成問題分析後，下一步是把分析結果撰寫成小論文。但我們不應倉促動筆書寫，而是應該先擬定小論文的結構大綱，確立引言如何起頭、正文的論述方向以及最後的結論重點。

第2章我介紹過，法國高中學士會考哲學考試的小論文包含「引言」、「正文」、「結論」三個部分。結構大綱就是以條列形式，依序整理出這三個部分預計撰寫的內容。這個步驟將決定解答的整體框架，後續實際撰寫答案時，基本上就是依據此結構大綱擴展成文章的過程。換句話說，結構大綱的優劣攸關小論文的品質。

接下來，我們就來看看結構大綱各個部分的內容。

1 引言

引言部分，應根據問題分析的結果，預示後續的論述方向。

首先，必須明確定義關鍵詞語。

並且，針對題目列出「是」或「否」兩種對立的選項。這時候，不是只有照字面回答「是」或「否」，必須轉換成更具體的陳述。因為單純重複「是」或「否」，容易使論述顯得單調且難以理解。舉例來說：

「有人認為，理性是人類特有的能力，使我們得以理解世界，而且看似能說明世界的一切現象。然而，另一方面，也存在理性無法說明的事物。」

上述範例中，第一行以另一種方式闡述了「是」（理性可以說明一切）的觀點，先定義理性的本質，再說明其潛在的能力。第二行則以表示轉折的連接詞「然而」，提出「否」（理性無法說明一切）的觀點，敘述理性的局限性。

這兩種答案彼此對立，不可能同時成立，因此必須點明兩者之間存在的矛盾。

在此需要注意的是「是」與「否」的呈現順序。在正文部分我會再次詳細說明，這裡必須先提出的是自己不贊同的結論。以上述範例來說，支持的論點是「否」，所以先提出「是」的論點。目的在於先檢視反對意見，明確劃清界線，進而彰顯自身立場的正確性（若意在引導出第三種答案，則需先指出這兩種選項的不足之處）。

隨後，為了預告解決此矛盾的方法，將針對各個論點展開探討，並列舉出先前

「拆解」題目後所得到的各個子問題。

引言的結尾，應再次重述題目。如此一來，便能更清晰地呈現引言的內容（定義、揭示矛盾、列舉問題）皆是為了回應最初的問題。

2 正文

在正文部分，將實際進行引言中所預告的各項討論。

針對「是」和「否」的立場，論文結構上會分別設置一個「部分」。「部分」是由數個段落組成的完整論述單元，每個部分都會針對「是」和「否」的觀點提出多個論證依據，並闡明其成立的理由。當討論既非「是」亦非「否」的第三種立場時（辯證法上稱為「合」的立場），則使用第三個部分。

正如我在引言的說明中所提到的，我會將論述與自身立場相左的觀點放在最前面。這樣做的目的是先闡述反對意見的論證基礎，接著指出其局限性與問題所在。然後，我才能提出我所支持的立場作為解決方案。換句話說，先探討反對意見，能讓我更有力地主張，我所支持的立場才是真正能克服那些反對意見缺陷的解答。

正文的各個部分都包含數個段落。務必確保一個段落專注於一個特定的觀點或主題。反過來說，一旦轉變觀點或轉換主題時，就必須另起段落。

此外，段落之間必須要有明確的連貫性。為了連接不同功能的段落，主要有兩種方法。

第一種是使用連接詞。兩個段落之間的關係可能是邏輯推演（例如：「因此」、「所以」、「亦即」等），也可能是對立或讓步（例如：「然而」、「但是」、「反之」等），或者並列與補充（例如：「而且」、「此外」、「同時」等），又或者是舉例說明（例如：「例如」、「像是」等）。根據段落間的關係選擇適當的連接詞，段落之間的關聯性就能一目瞭然。

另一種方法是，在連接前後段落時，運用提問的形式。為了在下一個段落中，討論前一個段落論述中出現的疑問點或未解決的問題，我們可以在該段落的末尾提出這些疑問，那麼下一個段落自然就會成為對該疑問的回應。

例如，在思考第4章也會探討的自由問題時，我們討論了兩種自由：無限制的自由和受法律規範的自由。若人們毫無限制地追求自由，可能會導致彼此衝突的戰爭狀態。相較之下，以法律限制個人的權利，就能保障每個人都享有自由。這兩種狀態雖然都是相同的「自由」，卻呈現出截然不同的情況。

在探討「何謂自由」這個問題時，我會先討論無限制的自由，使無限制自由的弊端浮現出來。這促使我們必須思考其他形式的自由，進而引導出對基於法律之自由的探討。然而，如果直接將這兩種不同的自由並列呈現，可能會讓讀者覺得話題轉換過於突兀。

為了解決這個問題，在討論無限制自由的段落結尾，我們可以加入如下的疑問：「然而，無限制的自由所帶來的弊害，是所有形式的自由都共通的嗎？或者，是否存在一種能夠避免戰爭，且人人都能夠享有自由的狀態呢？那樣的狀態又是如何實現的呢？」這樣的提問可以讓讀者清楚地理解，接下來所要討論的自由與之前的自由是不同的。

提問式的轉換也可以應用在正文的各個段落。舉例而言，如果在第一段落探討「是」的觀點，並且揭示該觀點的不足或限制，那麼提出一個能引導出「否」的觀點的疑問，就可以順利銜接至下一段。

以「理性是否能說明一切」這個問題為例，假設我們要探討「是」與「否」兩種立場。當我們以「否」（理性並無法說明一切）來結束論述的正文部分時，便會得出理性有其局限性的結論。然而，即使理性具有其局限性而無法說明一切，但這種局限性的存在，卻只能經由理性來認識。理性也能夠思考自身，正因如此，理性的局限性才會顯現出來。也就是說，我們可以持續思考「理性雖然無法說明一切，但理性的局限本身也是由理性所揭示」這個命題，進而提出第三種觀點。能夠恰當地定義並討論第三種觀點，代表你已掌握了正反合這種辯證的構成方法，這將能提升小論文的品質，在評分上也會更有利。當然，也存在不需要第三種觀點的問題。此外，如果第三種觀點並未整合前兩種觀點，反而可能導致較低的評價。

無論如何，思考在「是」與「否」之間是否存在調和並整合兩者的立場，是非常重要的思考過程。

3 結論

結論旨在簡潔地歸納正文內容，並明確回應題目所提出的問題。我們應將正文各個段落的論述，以一至兩行精煉地總結，回顧論證的脈絡。同時也必須針對題目，提出支持或反對，又或者是第三種立場的觀點。最重要的是，結論必須與正文的論述保持高度一致，要是兩者內容相悖，在正文中的論述就失去意義了。

此外，結論不宜引入正文中未曾提及的新內容。歸根究柢，結論是正文的精華摘要，因此，所有重要的論點都必須事先於正文中充分闡述。

然而，這並不表示結論絕對不能包含任何新意。完成作答後，若針對題目提出富有洞察力的新疑問，不僅可以展現出對問題的透徹理解，更進一步也顯示自己有深入思考的能力，有助於獲得更高的評價（當然，前提是所提出的疑問適切且具價值）。

以「理性是否能說明一切」為例，簡潔扼要地歸納正文論述，提出「因此，理性無法說明一切」的結論後，加上你的疑問如「理性無法說明的事物，我們該如何理解？」「是否存在探究理性以外事物的方法？」等疑問。當然，提出新疑問並非必要，而是鼓勵有餘力的考生嘗試的加分項。

⦿結構大綱範例

以上是擬定結構大綱的步驟，實際上的結構大綱會是什麼樣子呢？我們就以「理性是否能說明一切」為例來說明。

引言

- 理性是人類獨有的稟賦，讓人類能以合乎邏輯的思維認識世界。
- 人類藉由理性，能夠探究世間萬物與事件的特性、本質，及其背後的規律與因果關係。簡而言之，理性即賦予詮釋的能力。
- 但另一方面，或許也存在理性無法說明的現象。
- 理性是否有所局限？那些超越其界限的事物，是否無法用理性解釋？
- 或者，理性具備了能夠解釋超越自身界限事物的能力？
- 歸根結底，我們能否斷言理性能夠說明一切呢？

正文①「理性可以說明一切」

・人類藉由理性，得以認知周遭環境中的事物以及自身的內在世界。

・不僅如此，理性甚至可以用於思考現實中不可能存在的事物（例如：完美的球體）。

・舉例而言，理性能夠以數學語言描述世間萬物運動背後的潛在法則。如此一來，所有的運動皆能透過理性加以解釋。

・總之，世上一切事物都能透過理性來說明。理性具備詮釋世界所有現象的能力。

・但是，果真不存在任何理性所無法說明的事物嗎？

正文②「理性無法說明一切」

・儘管自然現象可用數學語言加以闡述，但古典力學所憧憬的完整未來預測卻不可能實現。

・人類的行為有時也難以說是全然出自於理性動機，要以理性來解釋這些行為並不容易。
・正如布萊茲・帕斯卡（Blaise Pascal）所說，人類無法以理性證實神的存在。這超出了理性的能力範疇。
・此外，根據佛洛伊德的觀點，我們的內在也存在由受壓抑的欲望所構成的潛意識，而理性無法完全領會其奧祕。
・總而言之，理性有其界限，並且無法超越這些界限。
・然而，另一方面，能夠認知到這些界限的存在，不也正是理性的作用嗎？

正文③「理性致力於闡明自身的界限」

・雖然理性確實有其界限，但要揭示這些界限，也只能透過理性本身。
・康德（Immanuel Kant）在《純粹理性批判》一書中闡明，經驗並非對世界的直接認知，而僅僅是我們理性所具備的時間與空間這兩個範疇中呈現的現象之認知。因此，理性不得不承認某些既無法認知亦無法解釋之物的存在。

- 之所以能察覺這些局限，正是理性運作的成果。從這層意義上來看，理性正在說明其自身的局限為何。
- 在人類內心深處，也存在像無意識這樣無法完全掌握的領域。但我們卻能透過精神分析等方法，將無意識的內容以語言呈現，並試圖理解其結構。這樣說來，理性在發現無意識這個界限後，同時也是一股想要跨越這個界限的力量。
- 此外，藝術是一種與理性截然不同的方式，呈現現實存在樣貌的途徑。藝術從不同領域揭示理性的界限，但試圖以理性來理解藝術的嘗試，同樣合情合理。

結論

- 理性憑藉其力量，意欲理解世界並提供詮釋。
- 這類說明在自然的數學描述上已經很成功。
- 但另一方面，理性有其界限，如超越其認知領域之事物，或是無意識這類難以理解的對象。
・儘管如此，唯有透過理性才能理解這些界限，而且理性正不斷地挑戰這些界限。
・換句話說，理性雖然無法說明一切，但這並非否定理性的力量。
・那麼，我們是否能獲得超越理性界限的方法呢？

⊙從結構大綱到小論文

完成結構大綱後，接著便開始撰寫小論文的答案。由於探討的流程已在結構大綱呈現過，只需把條列內容改寫成文章，就是小論文內容了。另外，加上引用內容及說明，或是為了讓內容更明白易懂，加上舉例或是換個說法，就能成為一篇更出色的小論文。由於結構大綱和小論文內容大部分重疊，在此就不再重複贅述小論文的答案。

有興趣的讀者請參考我在《向法國學習：培養應對論述型大學考試的思考力與表達力》（フランスのバカロレアにみる論述型大学入試に向けた思考力・表現力の育

成，暫譯，Minerva書房）一書中所撰寫的小論文範例〈一定要工作才能幸福嗎？〉（幸福になるためには働かなければならないのだろうか？，暫譯）。

那根據結構大綱書寫小論文時，必須注意什麼呢？首先，當然要確認是否和結構大綱的立場保持一致性。檢視哪些論述沒有連貫，或是有沒有一再重複贅述的內容。尤其一再重複相同要素往往是造成低分的原因，因為這表示論述在原地打轉。檢查類似的想法、表現或引用是否重複，是了解結構大綱好壞的一個方法。

結構大綱是一張決定文章起始點、終點及行經路徑的地圖（法文中的結構大綱寫成「plan」，同時也有「地圖」之意）。撰寫過程中，若感到迷失方向，應即時比對所寫內容與結構大綱是否一致。此舉有助於確認寫作循序漸進，並精確找出問題所在。逐段審視文章時，應能察覺銜接不順暢之處。從這些不流暢的環節著手重寫，或許是最為省時有效的方式。

當然，有時可能問題是出現在結構大綱本身的謬誤。畢竟，有些構思確實「不實際動筆便難以察覺」。遇到這樣的情況，不是只修正個別不順暢的部分，而必須全面重新審閱。有時，微調某部分內容，卻可能對整篇文章產生深遠影響。因此，調整基本結構務必謹慎為之。換句話說，擬定結構大綱，絕對值得投入充足的時間與心力。

⦿「思辨模式」的小論文書寫方式

本章最後，讓我歸納一下撰寫小論文的主要步驟。

1 辨識題目的主旨

2 辨別題目的形式

要分析問題，首先必須了解正在處理「什麼」以及處理「如何」。「什麼」是指主旨，「如何」則是問題的形式。

關於主旨，我們應從概念列表中選取相關項目，至於問題的形式，則應從幾種類型中找出符合的類別。

3 以「是」或「否」來回答問題

了解題目的主旨及形式後，接著就是以「是」或「否」來回答問題。不過，首先必須注意問題的細節，其次，必須定義所使用的詞彙與概念。接著，我們前面看過「總是～」「不過是～」等例子，我們必須思考是否有改變「是」、「否」形式的表達方式，如果有的話，又預期會得到什麼樣的答案。

關注這類問題的細節並得出「是」或「否」的答案後，就是根據自己的立場，在正文中使用其中一個部分去論述。

4 把題目拆解成數個問題

要決定論述方向，重要的是將題目轉換成數個問題，這是在正文中應該明確闡述的論點。只不過，這不是從一個問題製造出多個問題，而是運用「什麼」、「為什麼」、「如何」、「怎麼樣」、「假設～的話」等問題形式為問題加工的過程。這裡需要的並非創造性或獨創性，就某種意義來說，更重要的是機械性的轉換作業。

然而，這並不意味著將問題「拆解」的過程毫無價值。相反的，在一開始論述時便提出多個論點，以融入問題的形式來產生新見解，會將哲學性思考開放給更多人，不僅僅是特殊人士。讓每個人都能具備這樣的能力，難道不是很出色的事嗎？

5 擬定結構大綱

到目前為止，我們所做的工作就是「分析問題」。接下來，我們要根據分析結果，決定這篇小論文的撰寫方向。因此，首先要製作一份完整的結構大綱，這就像是整篇文章的路線圖。

結構大綱由「引言」、「正文」和「結論」三個部分組成。在引言中，我們會根據問題分析的結果，預告將會展開哪些討論。在正文部分，我們會闡明「是」、「否」（或是第三種立場）的論據，並透過提問來連結各個部分從而推進論述。此時，從非自己支持的立場開始討論是很重要的。結論部分則會簡潔地總結展開部分的論述，並回答問題。

6 撰寫小論文

這是最關鍵的環節，但其準備工作可以說在前述的作業中已大致確定。如果問題分析和架構草案做得扎實，那麼接下來要寫什麼就非常清楚了。重要的是，不要冗長地贅述與主題無關的內容，並且避免重複。

對於法國高中會考哲學考試而言，答案卷字跡清晰易讀、盡量避免語法和拼寫錯誤，都是很重要的。雖然這個原則適用於任何文稿，但考慮到閱卷者必須審閱海量的手寫試卷，即使清晰易讀且錯誤較少的答案獲得較高評價，也並不令人感到意外。

法國高中生經年反覆練習來掌握這些技能，然後才參加法國高中會考哲學考試。藉由反覆訓練從問題分析到書寫品質的整個過程，他們會將「首先要做什麼，然後再做什麼」這樣的一系列步驟，內化為自動化的模式，深植腦海並加以運用。如前所述，這種從問題分析到將思考語言化的一連串方法，廣義上就構成了「思辨模式」。再強調一次，考試所考驗的並非獨創性或靈光一現，而是扎實訓練的成果。

當然，並非所有高中生都能掌握並靈活運用這種「模式」，但其效益遠遠超越單純的應試技巧，在社會生活和職業生活的各個層面都可見其卓然成效。

◉靈活運用「思辨模式」

以上就是法國高中學士會考哲學科的小論文撰寫方式。那麼，我們又該如何靈活運用這樣的「思辨模式」呢？

我們不妨先歸納一下法國高中會考哲學科「思辨模式」的特徵。

1 問題分析可以套用機械式的方法

看到考題時，首先應該要做什麼的規範，以及分析題目時必要的事項，猶如操作手冊般制式化。說制式化或許讓人有負面印象，但以任何人都會運用的形式處理複雜的問題，是站穩思考出發點的重要條件。

2 撰寫內容前花時間思考

如前所述，四小時的哲學測驗，在應試過程中並非埋頭振筆疾書。相反的，這樣的方式搞不好會變成漫無章法地想到什麼就寫什麼，流於缺乏系統性的天馬行空。

正確分配時間，思考要寫什麼、如何闡述，需要與書寫相同甚至更長的時間。就這個意義而言，本書著重的焦點，其實並非「文章的寫法」，而是「撰寫文章前的準備工作」。勝負在下筆前就已決定了，「為了寫出好的文章所以不能冒然下筆」。

3 充分尊重反對意見

美式的論文寫法，習慣一開始先寫出贊成的意見，把論證分為三項加以說明，最後再次提示自己贊成的觀點作為結論。這種寫法在日本有時也被視作小論文的範本。根據渡邊雅子的看法，事實上這種寫法是於一九六〇年代在大學普及的簡化格式，遺漏了以往的「正反合」結構中的「反」和「合」（《「邏輯思考」的社會結構　法國思考表現風格與言語的教育》，「論理的思考」の社会的構築　フランスの思考表現スタイルと言葉の教育，暫譯，岩波書店），亦即美國大學版的「寬鬆教育」下的產物。所以，我們沒有必要反過來推崇而當作範本。

美式論文格式中付之闕如，而法國高中學士會考哲學科的小論文中具備的，就是對於反對意見的尊重。小論文也很重視基於論證來論述和自身立場相反的意見，必須先釐清反對意見並非毫無根據的謬誤後，接著論述其局限與問題所在，然後轉向自己支持的立場觀點（如果支持第三種觀點，就轉向另一種意見），這才是必要的步驟。像這樣適切、邏輯性地給予反對意見的尊重，是民主主義社會中必要的態度，而哲學教育具備培育這種態度的功能。

4 不斷修正

前面說過結構大綱的重要性，但並不代表要百分之百依照結構大綱撰寫文章。在書寫過程中或許你會浮現新的想法，或是想到更明白易懂的論述步驟，又或是想起忘了寫出的論證，這時就需要變更結構及內容。

只不過，這時候務必確認避免破壞整體平衡，像是結構大綱加入修正部分後，一部分的論述與其他內容相較下是否過度詳盡，或是破壞了整體的流程。若正文中有一部分與其他內容相比過長，就必須調整，例如增加其他部分的分量，或是把過長的部分適度縮短等。反過來說，也有可能因為撰寫時的修正，完成絕佳平衡的小論文。

5 援引一般的例子而非個人經驗或感想

法國高中哲學測驗給我們的另一個啟示，就是撰寫時必須把個人經驗與感想切割開來，才有機會獲得高分。

法國高中哲學測驗的小論文，並不鼓勵書寫個人的經驗或感想。這是因為，純粹個人的東西，並不知道對於他人是否正確。而且，從個人經驗發現問題並進一步發展論述的作法，在法國高中會考哲學測驗中並不受青睞。因為在該測驗中，問題是預先設定好的，而非從個人體驗中歸納得出。儘管從經驗中發掘問題本身頗具趣味，若運用得當或許是很有效的方法，也許適用於日本小論文等寫作；然而，法國高中會考哲學測驗的命題原則與此不同。因此，像「我認為」或「我思考」這類帶有個人主觀的表達方式，不應出現在測驗答案中。

然而，這並非意味完全不能提及個人體驗。只要所提及的體驗具普遍性，仍可被接受。什麼是具有普遍性的體驗呢？比方說，文學作品中登場人物的行為就是一例。常被引用的例子是杜斯妥也夫斯基（Dostoevsky）《罪與罰》中的拉斯柯尼科夫（Raskolnikov）。作品透過這位主角殺害放高利貸老婦人的行為，探討正義、自由與道德之間的關係。此外，繪畫或音樂等藝術作品也常作為這類範例。這些作品已融入文化涵養中，因而被視為具有普遍性。儘管這反映了法國或歐洲文化的特色，但這種不訴諸個人，而是透過普遍事物來展開論述的態度，仍十分值得我們學習。

儘管如此，我們仍面臨了一個顯著的難題：我們日常生活中遇到的問題，其形式往往與法國高中會考哲學測驗中的問題不同。對我們來說，「問題」在多數情況下往往更為錯綜複雜，牽涉多重因素，有時甚至難以明確地以言語表達。

關於這類「非典型問題」，我們將在本書的最後一章，也就是第6章探討。

在此之前，讓我們先實際練習法國高中會考哲學測驗的考題，進一步思考如何運用「思辨模式」。熟練這種「思辨模式」，對於我們思考日常生活中所遭遇的問題，勢必也將有所助益。

第4章

勞動、自由、正義

——如何以及教授什麼內容

我在第3章詳盡介紹了什麼是「思辨模式」。相信大家已經明白根據既定的步驟分析問題，擬定符合引言、正文、結論之結構的過程，是主要的核心。

這一章我們將探討「思辨模式」中所使用的哲學論證或議論。我將透過「勞動」、「自由」、「正義」這些主題，整理出法國高中所教授的內容。就如我在第1章說的，法國高中的哲學課並沒有標準教科書，而是教師根據個人裁量來授課，所以我在本書的說明僅是其中一個例子。不過，在內容方面，歸納整理的是高中哲學的解說書籍與參考書共同出現的重點，因此可以說在某種程度上涵蓋了「應該知道」，以及「要嫻熟運用」的必要知識。

另外，在此也先預告第5章的內容。第5章我將使用本章解說的內容，解答我在序言中提到的三道法國高中學士會考的哲學測驗問題。以下三道問題，在括號中註明的是出題年分、出題科系、出題國家。印度與日本是指以這兩國國內的法國高中生為對象，所實施的會考測驗題。

1. 勞動能使我們更有人性嗎？（二〇一〇年，經濟社會學科，印度）

2. 科技能讓我們更自由嗎？（二〇〇九年，技術學科，法國）
3. 行使權力與尊重正義能夠並存嗎？（一九九六年，文學科，日本）

打個比方，我們這一章所要準備的是對於勞動、自由、正義這些議題展開各種不同哲學考察的「食材」，至於具體使用這些食材的「食譜」則是在下一章介紹。雖然完成的料理形形色色，但全部都會使用相同的「思辨模式」，這就是關鍵。

1 勞動

什麼是勞動？

根據馬克思（Karl Marx）的說法，勞動是發生於人類與自然之間。勞動一開始是出自人類對大自然的工作。只不過，以雙手挖洞，或是摘取大自然野生的果實等活動，不能被定義為勞動。單純改變大自然，或是將自然中存在的東西占為己有，都不能稱為勞動，這是為什麼呢？

因為這些活動並未使用工具。換句話說，若是使用工具挖掘洞穴或摘採果實，那就可稱為勞動。馬克思在《資本論》中提到，勞動者是「把外部的工具作為自己活動的器官來使用，而這樣的器官再加上自身的器官，擴展了自身的能力」，這指出工具在勞動時扮演極為重要的角色。換句話說，人類因為使用工具，能夠操控超越身體原有極限的能力。人類的勞動沒有工具就無法成立。

為什麼使用工具呢？那是因為有明確的目的。我們會選擇符合勞動目的的工具，沒有人會在挖洞時不使用鏟子而使用鐵鎚。勞動的目的決定了所要使用的工具。因此，我們可以將勞動定義為透過工具有意識地改變自然的過程。

假設我們要挖掘深兩公尺的洞穴，為了達成勞動的目的，我們不能只是想都不想地隨便亂挖。深度該到哪裡？洞穴的直徑是否足夠？洞壁會不會崩塌？土裡有沒有石頭或樹根等，必須留意許多細節。在勞動的期間，必須時時記住自己的目的，並且為了達成目標而持續努力，這樣的緊張狀態，才是勞動辛苦的源頭。

愉悅的勞動

奧古斯特・孔德（Auguste Comte）在他的著作《實證政治學體系》中，把勞動定義為「人類改善外在環境而採取的行為」。若是在容許範圍的辛勞下，勞動能帶給我們利益，那就不是一件壞事。

關於勞動的效益，阿蘭（Alain）則是在《隨筆》中，針對心理層面有如下的闡述：「有益的勞動是本身能產生愉悅，而不是從中產生的利益。」換句話說，勞動本身能夠讓我們感到愉悅。阿蘭在「愉悅的勞動」，或者說「勞動的喜悅」發現價值。事實上，對他而言，勞動不僅是愉悅，也可以促使人們成長。阿蘭認為：「勞動無意中矯正了我們情感中那些劣等且幾乎形同機器般的部分。」由此可見，阿蘭認為勞動是使人類更具有人性的方法。

自我實現的勞動

在勞動有關人性化的這一面，哲學家不僅是從快樂或愉悅這個角度出發，也從「鬥爭」的觀點來探討。黑格爾在《精神現象學》中，基於「主人與奴隸的辯證法」，闡述有關勞動在自我實現的一面。兩種自我意識（例如我與他人）就自我認同而透過生死鬥爭確立彼此的地位，獲勝者成為「主人」，落敗者則成為「奴隸」，雙方形成支配關係。在這樣的關係中，奴隸失去自由，被迫為了滿足主人的欲望而勞動。然而，若是奴隸以自然為對象而勞動，則能夠因為生產衣食住行所不可或缺的物品，從對主人的依賴中解放出來；反之，主人必須仰賴奴隸的勞動。因為勞動，主人與奴隸的地位逆轉。主人成為了奴隸的奴隸，而奴隸透過勞動來實現自我意識，成為主人的主人。兩種自我意識因此能夠獲得相互對等，亦即勞動是自我實現不可或缺的契機。

馬克思更在《經濟學哲學手稿》中，強調勞動在人類與自然與社會的關係中，扮演重要媒介。世界的歷史是「人類透過人類勞動而形成的生產」，而且是「為了人類的自然生成」，因而馬克思主張必須實踐人類與自然的本質關係。勞動是人類改造自然的手段，人類更透過勞動建構與大自然的關係。建構出這個關係的場所就是社會，因此勞動是藉由與自然的關聯實踐人類本質。話雖如此，馬克思也一再強調，唯有當私有財產被廢除且共產主義得以實現之時，這種關係才能徹底化為現實。透過勞動來實現人的本質，仍是遙不可及的理想。

然而，我們也不能忘記像這樣將勞動視作自我實現的思維本身，是歷史的產物。根據亞里斯多德在《政治學》一書中提出的觀點，自由的市民不必從事勞動，勞動是奴隸的任務。奴隸的身體適合操作織布機、樂器等工具，只是一種「生產的工具」。這是因為在古希臘，勞動有別於知性活動或政治行為，這些活動與勞動涇渭分明。

對勞動的批判——馬克思與尼采

前面所提到的《經濟學哲學手稿》中，馬克思從「異化勞動」的角度批判資本主義社會中勞動的樣貌。究竟什麼是異化勞動呢？當人類透過勞動來生產物品時，這意味著勞動這個人類行為，開始固著在這些物品中。此時，被生產出來的物品，對身為勞動者的人來說，是個外來且不屬於自己的東西。馬克思闡述：「勞動者將其生命灌注到物品中。然而，生命卻因此不再屬於勞動者，反而歸物品所有了。」他藉此強調，勞動與物品之間的關係，對人類而言絕非是幸福的。勞動者生產物品，賦予物品價值並增加財富，但勞動者本身卻愈來愈貧窮，甚至身心俱疲。自己的勞動成果所產生的物品不僅不屬於自身所有，甚至成為敵對般的物品。這種非人性的勞動形式，正是異化的勞動。

相對於馬克思以異化概念揭示勞動的不合理，尼采（Friedrich Nietzsche）則是揭穿人們歌頌勞動的背後，所隱藏的真實。在《人性，太過人性》中，尼采試圖回答人們工作過度的問題。他認為那是因為人有欲望，而工作是為了滿足欲望。然而，當欲望被滿足，人會感到無聊。這個無聊的程度隨著要滿足的欲望程度愈高而愈強烈。想要逃離這樣的無聊，應該怎麼做呢？是更勤奮工作，還是將勞動本身當作欲望而持續工作？所謂的工作狂就是因此而生，他們陷入了工作與欲望一致、進而持續不斷工作的狀態。當然，也有人脫離了這種狀態，轉而追求平穩的生活。或許藝術家和哲學家追求的就是這種生活，然而尼采卻視為「幻想」而直接駁斥。

但為什麼人們仍然認為勞動是值得歌頌的行為呢？

尼采在《朝霞》中指出，勞動可以馴服並消除個人潛藏的危險性。因為繁重的勞動會「束縛人們，阻礙理性、欲望與獨立思考的發展」。精疲力盡的勞動者，將成為對社會「安全無害」的人。因此，尼采稱勞動為「最優秀的警察」。他的言下之意是，如果讓人日以繼夜地勞動，他們就沒有閒工夫去想東想西或為非作歹。

科技的進步與分工

根據馬克思的定義，勞動以工具為媒介而改變自然。然而，若是眺望我們的世界，現在多數的勞動看起來都是以自然之外為對象。其中一個原因是技術進步，以及社會複雜化。當社會規模日益擴大，人們不再只針對自然工作，而是發展出各式各樣的勞動，像是針對技術本身的工作、針對人的工作，以及為了維繫社會運作的工作等等。伴隨社會日益繁複，專業分工也自然形成。隨著技術進步，勞動生產性因而提高；機械的發明使過去必須依賴手工而伴隨痛苦的工作能更簡易地操作。法蘭西斯·培根（Francis Bacon）在《新工具》中提到，「要征服自然，就只能順從自然」。他所指的意思是想要更妥善地將自然當作助力，就要更了解自然。自然的知（＝科學）與技術的發展，誕生出勞動與社會複雜化、效率化的成果。

阿蘭則從這樣的情況下所發展出的分工，發現道德的價值。他在《論幸福》中闡述：「真正的工作是與人共同完成的。就像田間或園藝工作，以及在其中所產生的愉快交流。而且，這是不會造成人際疏離的分工。」他指出，大家一起工作，各司其職，才能建立起人與人之間的緊密關係，進而實現幸福。

艾彌爾・涂爾幹（Émile Durkheim）也曾經在《社會分工論》中，就道德觀點主張分工的重要性。據他的說法，分工使「個人意識到對社會的依賴狀態」。所謂分工，並不僅僅是勞動從其本來對象的自然分離而出的過程，也是讓社會存在不可或缺的要素。

話雖如此，分工所造成的社會角色細分化，也意味著將人類視為機械零件的社會即將到來。馬克思在《資本論》中指出，當人類不再利用工具直接操作事物，而是變成單純地操作機械時（這機械本身就是工具），風力、水力、蒸氣等自然力量就能取代人類。他闡述道：「動力是否來自人類的肌肉，將完全變成偶然。」這顯示出，在技術不斷進步、伴隨分工日益細化的社會中，勞動對於人類的意義正受到嚴重威脅。實現了機械化和自動化的技術進步，將使「無人勞動」的可能性愈來愈高。實現機械化與自動化的技術進步，無人結帳系統、自動駕駛車，都可以說是這種「無人勞動」（或參與者被隱藏起來的勞動）的新形式。如此一來，技術會不會反而成為人類自由的威脅呢？

科技的危機

確實，技術是人類智慧的成果，即便只是一件簡單的工具，也是將思想具體化的呈現。然而，技術發展愈有進境，我們就愈難明瞭其運作的原理。例如，現代科技產品已臻於精巧極致，使用者即使不了解其構造也能輕鬆操作。想想看，有多少智慧型手機的使用者精通手機的內部構造？思考已經融入科技產品中，使用者本身幾乎不必再動腦筋。正如加布里埃爾・馬塞爾（Gabriel Marcel）所說：「技術愈進步，思索被拋諸腦後的可能性就愈明顯。」

馬丁・海德格（Martin Heidegger）對科技的潛在危險性有更直白的警示。他在《技術的追問》（*Die Frage nach der Technik*）一書中指出，我們往往認為技術是中性的，但他強調，這種觀點「徹底蒙蔽我們，讓我們對技術的真正本質毫無所覺」，使我們未能察覺技術潛在的風險。借鑑核電廠事故等案例，這種「中立性的錯覺」所帶來的危險難道還不夠一目瞭然嗎？

更進一步說，技術的危險性不僅影響著我們當前的世代，甚至可能禍及未來的世代。正如漢斯・約納斯（Hans Jonas）在《責任原理》中所說的，我們無權「為了當代世代的存在，而選擇犧牲未來好幾個世代的權利」。舉例來說，氣候變遷的問題正明確顯示出，技術進步及其潛在危險，可能對未來全人類造成毀滅性的後果。隨著科技發展，我們對未來世代所負的倫理責任問題，正以更為尖銳的形式浮現。

那麼，否定科技轉而回歸自然，就是正確的作法嗎？「反科技論」鼓吹我們重返已逝、原始而純粹的自然。然而，所謂的「純粹自然」恐怕從未存在過，因此，所謂的「回歸」也不過是癡人說夢。這種論述反而可能一味地否定當前科技所引發的種種問題，同時也無視探究這些問題本質與尋求解決之道的努力。可以說，我們需要的不是全盤肯定或否定科技，而是從哲學層面對科技展開反思與批判。

2 自由

為自由下定義

自由到底是什麼？要給出一個唯一的定義極其困難。因為「自由」這個概念，隨著不同的脈絡，呈現出多樣的意義。

舉例來說，在物理意義上的自由，是指不受約束的狀態。人類或動物，只要沒有被鐵鍊束縛或被囚禁，就是自由的。一旦自由，便能隨心所欲地去往任何地方，做任何想做的事。然而，這並不代表無所不能，例如人類顯然無法在空中飛翔，也無法凌波而行。即便在物理上是自由的，也無法擺脫自然法則的限制。從人類與下墜的石頭都依循相同物理定律這一點來看，物理上的自由可以說是在不違背自然本性的前提下所擁有的自由。

然而，有種事物能在依循自然本性的同時，增強我們的物理自由，那便是科技。隨著移動科技的進步和通訊技術的發展，人類獲得了前所未有的移動與溝通自由。當然，所有科技都無法超越自然法則的限制，但科技確實能讓血肉之軀的人類做到原本無法實現的事情。

支配自我的自由

當然，自由不單僅限於物理層面。舉例來說，亞里斯多德在《尼各馬科倫理學》中，將「只受自己主宰的人」稱之為智者。一個人若不受外在任何事物所束縛，便可稱得上是真正的自由。

然而，人類有時會被超出自身能力範圍的事件所牽動。天災、疾病或他人的行為，都可能擾亂我們內心的寧靜。在這樣的境遇下，我們該如何才能保持自由呢？斯多葛學派的愛比克泰德（Epictetus）將世界劃分為「自身可掌控」與「自身無法掌控」兩類。情緒受自己無法掌控的事物而波動起伏，是愚昧的。此外，即使是我們能掌握的事物，也不應被肉體的欲望所左右。將所有的注意力集中於心靈，才是保持自由之道。換言之，自由並非來自於物理上的限制，而是源於內在的意志。只要明白這一點，自由意志便不會屈服於拷問、暴力，乃至於更為嚴苛的命運（據說愛比克泰德當奴隸時曾遭受酷刑）。

自制即自由的理念，在伊比鳩魯（Epicurus，《致美諾西厄斯書》）和蒙田（*Michel de Montaigne*，《蒙田隨筆集》）的著作中也屢見不鮮。他們的共通之處在於，都認為財富、名譽、權力，甚至是健康，都屬於身外之物；並主張不為這些外物所左右的生活，才是真正的自由。

若將個人層次的自由概念延伸至國家層面，那麼一個自由的國家，便是只遵從其自身所制定法律的國家。一個自由的國家，無論面對外敵的壓力，或是國內不願守法者的要求，都應當且只會依據法律來應對。即便是執政者，也不例外。自由的法治國家，要求任何公民都不能凌駕於法律之上。

社會的自由

在社會層面，自由究竟具有什麼意義呢？社會層面的自由，是藉由社會成員不受公權力不當干涉或壓迫而得以成立的。法國大革命後不久頒布的《人權和公民權宣言》（俗稱《人權宣言》）將自由定義為「有權從事一切無害於他人的行為」。康德也在《道德形上學基礎》中提到，凡是能使個人的自由與他人的自由並存的行為，都合乎正義。因此，只要不侵犯他人的權益，人類便享有行動的自由。

社會中的自由是由法律來規範的。孟德斯鳩（Montesquieu）在《論法的精神》中闡述：「自由是法律允許的一切行為之權利。」法律建立了合法與非法的區分，並承認所有合法行為是社會成員應享有的正當權利。

法律同時也是行使權力的基礎。當權力的行使並非基於統治者的任意決定，而是嚴格遵循正當程序所制定的法律時，這樣的國家才能被稱為是自由的。

為了確保法律能夠保障自由，必須平等對待所有人。法律之前人人平等是政治自由的根本條件。盧梭（Jean-Jacques Rousseau）在《社會契約論》中提到，當社會全體成員將自身擁有的權利讓渡給整個共同體時，便會產生制定此類法律的權力（公意）。法律是這種公意的展現，既是為了共同體的共同利益而超越個體私利，同時也保護著共同體成員的權利。在這樣的共同體（盧梭稱之為「共和國」）中，公民才能像其他人一樣，保有自己的生命、財產和自由。

道德的自由

自由也關乎個人的道德選擇。道德意義上的自由，是以選擇善惡的可能性為前提的。人類擁有選擇的自由從而消除惡行，然而，一旦選擇了行惡（或行善），那個人就必須為自己的行為承擔責任。

亞里斯多德在《尼各馬科倫理學》中，以「一旦擲出石頭，便無法收回其意圖」的比喻，闡釋了選擇與責任的關係。人可以選擇不義或放縱。然而，一旦做出選擇，就無法抹滅那個行為。如果這種行為觸犯法律，那個人就可能受到懲罰。正是因為擁有自由，人才能為自己的行為負責並接受懲罰。

尼采在《偶像的黃昏》中寫道：「人類之所以被認為是自由的，僅僅是為了審判和判處人類。」這句話揭示了自由與責任的負面關係：自由使得審判人類成為可能。

沙特（Jean-Paul Sartre）也關注到自由令人不安的一面。他在演講稿《存在主義是一種人道主義》中指出：「人被判處了自由之刑。」這意味著人並非渴望自由才擁有自由，而是生來就自由，正因如此，他們不得不為自己的行為負責。人類並沒有「應當如此」的本質。因此，自由將成為何種存在，必須由個人的生活方式來決定。沙特認為，這不僅是對自己負責，更是對全人類負責。

自由意志的問題

在基督教神學中，自由意志被視為道德自由的基石。自由意志指的是人類擁有選擇善惡的能力，透過它，人既可以犯罪，也可以保持清白。

倘若缺乏自由意志，會發生什麼狀況？人類的行為將不再是自身選擇的結果，而是命中註定。如此一來，人類便無需對自己的行為負責。

那麼，該由誰來承擔責任呢？答案是造物主——上帝。然而，這會引發一個尷尬的局面。如果人沒有自由意志，那麼人類的一切惡行都將由上帝負責。但上帝是絕對的良善，惡的源頭絕不可能來自於祂（這種為捍衛上帝良善本性的論證，稱為「辯神論」）。這意味著，無論惡以何種形式存在，責任都必須由人類承擔，因此人必須擁有自由意志。

笛卡兒（René Descartes）將人類擁有的這種自由稱為「無差別的自由」，是指能夠在不受任何限制下選擇行動的意志，藉此，人可以行善或作惡，並因此獲得讚揚或非難。

康德在《道德形上學基礎》中，同樣主張自由意志是道德自由的基礎。對康德而言，自由意志就是意志的自律。然而，康德也告誡我們，這種自律並非「為所欲為」。相反的，這要求我們懷抱善良的意志，並依循理性對所有人普遍發出的道德命令，將其視為義務來履行。道德義務以「定言令式」表達，這是指無論何時何地，所有人都必須遵守的命令。這個命令是理性（康德稱為「實踐理性」）所推導出的普遍法則。因此，康德的倫理學建立在意志的自律之上，即將理性確立的道德法則，視作義務來尊重並遵守。

史賓諾莎則直接否定這種自由意志存在。他在《倫理學》中寫道：「自認為自由的人，是因為他意識到自己的行為，卻又因為不了解決定這些行為的原因，而產生這種信念。」在史賓諾莎看來，自由意志不過是個幻象。對他而言，世間萬物皆必然地從上帝而生，所有事件都透過必然的因果關係環環相扣，其中不存在任何偶然性或選擇的空間。那些錯誤地相信自己享有自由的人，正是因為對創造萬物的上帝所形成的必然性鎖鏈毫無所知，才能謳歌自由。這種觀點被稱為「決定論」。

康德認為，自然法則構成一個決定論的世界，而道德法則預設了自由意志，兩者之間無法調和歸一。但對史賓諾莎而言，若將人類排除於自然法則之外，並認可其自由，無異於在「國家」之中再造一個「國家」。在一個其必然性源自上帝的「國家」裡，人類獨有的秩序無法存在。

然而，史賓諾莎並非全然否定一切自由的可能性。他在《致舒勒書信集》中提到：「我稱那些僅憑自身本性的必然性而存在和行動者為自由；反之，那些受他物決定而存在和行動者則稱為被強迫。」這裡所稱「僅憑自身本性的必然性而存在和行動者」，指的正是上帝。對史賓諾莎而言，理解這種必然性，即是自由。

綜上所述，自由並非一個單一或不證自明的概念。因此，在思考自由時，我們必須先釐清所討論的究竟是哪一種自由。

3 正義

什麼是正義？

根據亞里斯多德在《尼各馬科倫理學》中的闡述，正義是「合乎法律規範，且秉持公正」。若依此定義，遵守法律便符合正義。史賓諾莎在《神學政治論》中也指出：「正義是堅定不移的心態，透過公民權利來承認每個人所應得的。」這些權利受到法律保障，因此正義可謂建立在法律穩固的基礎之上。

柏拉圖（Plato）也在其對話錄《克力同篇》中，藉著被判死刑的老師蘇格拉底（Socrates）之口，提出將正義視為國家所制定之法律的立場。蘇格拉底斷言，祖國的地位高於父母甚至神祇，即使面臨死亡的威脅，也必須服從其法律。在柏拉圖看來，祖國的法律才是符合正義的，違背法律絕非有德之行。

然而，我們也能想像出違反正義的法律，或是悖離法律的正義。回溯歷史，蘇格拉底被判死刑，果真符合正義嗎？又或者，例如南非昔日實施的種族隔離政策，那樣公然承認種族歧視的明顯錯誤法律，難道也能稱之為正義嗎？此外，平等也未必總是符合正義。向富人與窮人徵收相同金額的稅款，即便看似平等，卻與正義相去甚遠。在此情況下，更應探討的是如何依據個別情況公正地徵稅（當然，稅收制度本身的公平性也值得深思）。

馬克思與恩格斯（Friedrich Engels）在《共產黨宣言》中指出，現代國家權力實質上是為統治階級——資產階級的利益服務。他們認為，法律如同道德和宗教，都反映了資產階級的利益。若從這個角度來看待法律，那麼法律將無法保障所有人的權利，也將無從實現正義。

然而，正義與法律的問題，早在近代國家誕生以前就已是舉足輕重的課題。即使近代的法制不過是為資產階級利益代言，這也無礙於我們從不同的視角來思索正義的本質。

探究正義為何，同時也是在追問法律為何、平等為何，或公正為何。以下，我們將從幾個角度來整理正義的問題。

自然狀態與社會契約

正義與法律究竟起源為何？這個疑問，歷來都是圍繞著「社會契約」這個概念來思考。

讓我們設想一個沒有國家或社會的狀態。在那裡，人們彼此互相傷害，持續上演永無止盡的鬥爭。我們稱之為「自然狀態」。在這個狀態下，當然無法保障身體和生命的安危，個人的財產也完全沒有受到保護。而且，人與人之間的權力關係並不穩定，即使是最強大的人，其生命或財產也無法得到保全。

為了終結自然狀態，所有成員都必須同意互相尊重彼此的生命與財產。這意味著，人們不可再毫無秩序地恣意妄為，特別是涉及他人的生命與財產時，更不應無限度地運用自身的力量。於是，人們同意將其全部或部分權利，委託給特定的個人或群體。這項同意，便稱為「社會契約」。

湯瑪斯．霍布斯（Thomas Hobbes）在《利維坦》一書中，便是依循這種社會契約模型，描繪出國家的運作樣貌：君主接受臣民委讓的權利，並以主權者的身分來制定法律。法律終結自然狀態，人們得以免於死亡的威脅，和平地生活。從這個意義上說，君主正是實現正義的人，而法律則是達成此目的的工具。

如同前述，盧梭則有不同的觀點，他認為社會契約的結果不是產生一位君主，而是共和國。在共和國中，人們雖然捨棄了在自然狀態下為所欲為的無限權利，卻能依據公意所制定的法律，獲得身為公民的自由。盧梭主張，正義正是因為這類法律而得以落實。正義雖然來自於神，但神的理念透過法律被實踐，所以對人類具有實質意義。從這個意義上說，對人類而言，法律出現之後，才得出了正義的樣貌。

自然法與實定法

透過社會契約所建立的政體所制定的法律，通常以明文規定的形式，規範國家成員的權利與義務。這類法律被稱為實定法（Positive Law）。然而，實定法有時可能會遭到立法者恣意制定。如果法律能夠決定正義，那麼即使是不正義的法律，也將被視為正義的保證。這聽起來似乎不合情理。那麼，我們該用什麼標準來判斷法律是否符合正義呢？換句話說，到底是什麼在確保法律是正義的呢？

孟德斯鳩在《論法的精神》中，針對這些原則提到：「一般而言，法律就其統治世上所有人類而言，即是人類理性。」換言之，法律不過是人類理性的產物。理性是人類與生俱來、本性自然擁有的稟賦。這種理性的存在形式，我們稱為自然權或自然法（Natural Law），源自於創造萬物的神。

自然法亙古不變，但實定法則不然。孟德斯鳩接著說：「各國關於政治制度的法律和關於公民的法律，都應該是這種人類理性在個別案例中的應用。」這代表，必須以理性評斷個別法律的正當性。

列奧·施特（Leo Strauss）在《自然權與歷史》中，針對自然權利的概念指出：「在人類內心深處，存有某些無法完全融入他所屬社會的事物。」正因為如此，他主張自然權利可以超越各個社會所預設的法律之外，成為普世的正義標準。

然而，斷言所有實定法都遵循自然法的原則，似乎非常困難。畢竟，法律因國家而異，同一行為在一個國家可能合法，在另一個國家卻可能違法。而且，隨著時代變遷，合法與違法的界線必然會改變。從這個意義上說，法律是相對的。關於這一點，帕斯卡在《沉思錄》中指出：「庇里牛斯山此側之真理，彼側則為謬誤。」這意味著分隔現在法國和西班牙的庇里牛斯山脈兩側，真理或正義的標準也會有所不同。這也代表，法律和正義，即使都基於自然法，也不是全然絕對。

然而，如果採取法實證主義觀點，只把實定法納入法學探究範圍，只要法律制定出來，並且有司法和行政機關去執行，那就是正義的基礎了。簡單來說，在法實證主義者看來，法律規範了正義，而正義除了法律之外，沒有其他任何基礎。但問題是，有些法律雖然合法，卻不見得正當。例如，容許歧視的法律，即使在程序上合法，也絕不可能稱得上正當。法律如果想要實現正義，就需要有依傍的原則。

法律總是公正的嗎？——法律的局限

合法卻不正當的法律，為法律與正義的關係造成莫大張力。我們該如何避免法律與正義間出現嚴重背離呢？其中一個方法，就是讓國家體制本身具備解決方案。根據孟德斯鳩在《論法的精神》中主張，立法權、執行（行政）權和司法權這三種權力的分立，對自由來說是不可或缺的。正如他反諷地指出：「如果同一個人，或同一個由貴族或人民中有影響力者組成的團體，行使這三種權力……則一切將盡失。」若立法權能持續受到其他兩種權力的監督，並不斷匡正不正當的立法，那麼國家結構本身似乎就能使法律與正義盡可能地趨近。

然而，即使法律本身的正當性毋庸置疑，也並非萬事皆可迎刃而解。亞里斯多德在《尼各馬科倫理學》中提到：「法規始終是普遍性的，但對於個別案例，有時無法以普遍的方式精確契合。」由於法律是一般規範，自然無法預先考量個別案例的特殊性。因此「法律的漏洞」可能以各種形式存在。

孔狄亞克（Condillac）在《同義詞詞典》中，針對正義與公正的區別，給出了這樣的解釋：「前者是依循法律條文來判斷」，而後者則是「依循法律制定時所認定的精神來判斷」。換句話說，他強調判斷時不僅要根據法律條文本身，更需要考量支撐法律的「精神」。正義若要同時是公正的，就必須有支撐法律的原則。

讓我們從亞里斯多德的立場來思考這個原則。他在《尼各馬科倫理學》中將正義區分為整體正義和部分正義。整體正義存在於遵守法律和道德行為中，部分正義則進一步分為交換正義和分配正義。一般而言，交換正義是指在給予每個人相同的物品或權利時所遵循的原則；而分配正義，則是根據每個人的需求或功績，給予適當差異的物品或權利時所遵循的原則。

就與法律的關係而言，交換正義指的是個體之間互相尊重彼此的合法權利。既然所有人都擁有法律所保障的平等權利，那麼社會成員就必須像尊重自己的權利一樣，也尊重他人的權利。這就是交換正義的原則，如果這個原則因違法行為遭到破壞，行為者將會根據法律受到裁決，並視情況處以懲罰。

分配正義是在將一般法律原則應用於個別案例時所遵循的原則。法律所明定的違法行為將依據法律受到懲處。然而，例如竊盜罪的量刑並非一律固定不變。以現今的日本為例，雖然刑罰規定為十年以下有期徒刑或五十萬日圓以下罰金，但實際量刑需考量諸多因素，例如犯罪情境、竊盜物品的價值、嫌疑人犯罪的原因，以及其反省程度等。當然，這種量刑方式是否妥當的問題確實存有爭議，但其用意在於根據犯罪這個個別事例的具體情況，來適用普遍原則。

換句話說，正義並非完全由法律來規定，正如分配正義的原則所示，必須是能夠調和法律普遍性與具體事物之間的考察力，或者說是實踐性智慧，同時也肩負著監督自然不平等是否加劇社會不平等的職責。

更進一步來說，在法律與正義的演進中，我們有時會面對尚未被承認的新興權利訴求。例如，氣候變遷問題和性少數群體的權利問題，似乎都正處於在法律上逐漸獲得充分保障的過程。根據萊布尼茲（Leibniz）的說法，預見這些權利的並非理性，而是「慈愛」。慈愛是正義之心，也是正義發展的根本原則。萊布尼茲將慈愛稱為「智者的正義」。亞里斯多德也將正義視為最重要的德性，他以「無論是宵之金星或曉之金星，皆無法與正義等同閃耀」，形容沒有任何事物的地位能與正義等量齊觀。正義既是受法律規範之物，同時也是個人應具備的德性。

我們在本章介紹了法國高中哲學教育中，探討勞動、自由和正義等主題的方法。這些課程有時會依據主題分開授課，有時會更全面地探討多個跨領域的議題。此外，學生會分析所列哲學家著作的摘錄，更詳細地檢視其中展開的論點，學習哲學論證的方法及表達方式。當然，學生也需要定期練習撰寫小論文，並由老師批改回饋，這類練習不可或缺。從這個意義上說，哲學課不只是聽老師講課，更是持續不斷的實踐，包含自行閱讀、思考、寫作，以及從老師的批改回饋來進一步思考和寫作的過程。

下一章，我們將聚焦於這個持續實踐的思考與寫作過程，並探討小論文答案的撰寫方法。

第5章

用「思辨模式」進行哲學思考

⊙如何實際運用「思辨模式」？——三個問題

前面我們看到了法國高中學士會考的哲學測驗中，使用的「思辨模式」實際上是怎麼一回事，在第3章也已舉實例加以說明。這一章我們來更進一步探討具體的運用方式。

實際上在法國高中學士會考哲學考試中，曾出現以下三道問題，我們不妨一起思考該如何回答。

---

1. 勞動能使我們更有人性嗎？
2. 科技能讓我們更自由嗎？
3. 行使權力與尊重正義能夠並存嗎？

這三個問題，都曾出現在法國高中學士會考，但也與出生在日本的我們現在所面臨的狀況有關。勞動與人性的提問，很容易讓人聯想到黑心企業的問題與工作方式改

革的相關討論；技術與自由的問題，在科技日新月異、人類社會隨之變革，且科技的利弊得失被熱烈討論的現在，似乎極為根本且關鍵。此外，第三個問題——「權力行使與正義的關係」，則會引發我們深思立憲主義和M型社會（或稱貧富差距社會）等諸多議題。從這個意義上說，這些問題不僅僅是法國會考哲學試題，更與我們的社會及日常生活密切相關。

然而，我們不妨暫時將這些對當代的關切擱置一旁。因為，在思考這些與我們切身相關的問題時，我們常犯的一個錯誤是容易受到自己既有觀點或立場的影響，而未能深入思考自己的意見或問題意識為何正確。此外，過度執著於時事議題，也可能導致討論流於表面。因此，我們應該暫時與當前的具體問題和自己的主張保持距離，再試著思考這些問題。而實現這種思考方式的途徑，正是我們在第3章中詳細探討的「思辨模式」。

本章將說明如何運用「思辨模式」探討這三個問題。我們的初步目標是建立一份結構大綱（可以理解為撰寫小論文的藍圖）。在分析的過程中，我們會運用第4章介紹的哲學觀點和哲學家主張。

順帶一提，這個結構大綱只是一種解題的可能方式，並非唯一的正確答案。因此，我在每道問題的最後，都會簡要說明其他可能的解答方向。

問題1 勞動「能使我們更有人性嗎？」

1 問題主題：勞動

2 問題形式：可以用「是」或「否」來回答的問題

3 詞彙定義

我們必須先定義「勞動」和「更有人性」。「勞動」通常被定義為「人類有目的地利用工具改變自然的行為」。然而，這個定義因為沒有涵蓋不以自然為對象的勞動，所以適用範圍有限。如果在分析問題後發現這個定義不夠充分，屆時必須重新審視並修正。那麼，「更有人性」是什麼意思呢？既然生而為人，不就已經具備人性了嗎？這個觀點雖然可以成立，但這裡的重點是「更」這個表示比較的詞，這表示「更有人性」這件事存在程度上的差異。讓我們暫時將「更有人性」定義為「更接近人類本來的生存方式」。雖然「人類本來的生存方式」這個說法有些籠統，但應該足夠作為我們思考的起點。

4 以「是」或「否」回答問題

針對這個問題，我們可以簡單地用「是」來回答「勞動使我們更有人性」；對於「否」的回答，則可以表述為「勞動不一定使我們更有人性」。在否定的表達上，可以更強調地表示，「勞動不僅沒有使我們更有人性，反而可能使我們失去人性」。這些表達都沒問題。不過，目前我們暫時採用比較沒有那麼絕對的否定說法。

5 把題目拆解成數個提問

接下來，我們把這個問題拆解成數個提問：

- 勞動是什麼樣的行為？
- 「人性」究竟是什麼意思？
- 為什麼勞動會讓我們更有人性？

・勞動如何讓我們更有人性？
・如果勞動不能讓我們更有人性，那會是哪些情況？

接下來的步驟，就是從「是」和「否」兩種角度探討這些問題。

6 決定作答的方向

接下來，我們要決定大致的作答方向。關於勞動，我們可以從兩個角度來看：一種觀點認為勞動是實現我們人類本質的行為；另一種則覺得勞動反而會讓我們偏離本質，是非人性化的行為。這兩種看法當然就是對應到「是」和「否」的答案。沒錯，不論是從「是」到「否」或從「否」到「是」來展開論述，都能寫出合格的答案。

不過，這裡我們將考慮採取第三種立場來整合這兩者。勞動不見得總是讓我們更像人，甚至有時候，勞動會把我們推向悲慘的深淵。就像日本詩人石川啄木著名的詩句：「我一再一再地工作，生活卻絲毫沒有起色，唯有默默地凝視自己的雙手」，這說明人確實有可能因為勞動而身心俱疲，甚至被逼到絕境。

這難道就是勞動的本質嗎？我們在工作中追求成就和樂趣，這樣「愉快的工作」

或許能讓我們的生命更具人性。當然，這也有可能演變成「變相的剝削」。儘管如此，這也讓我們明白，我們無法斷言勞動全然是好的，或者反過來說全然是壞的。

那麼，問題究竟出在哪裡呢？或許，並非勞動本身不具人性。問題可能在於社會如何組織勞動的方式，這決定了勞動究竟會使我們更有人性，還是讓我們更遠離活得像個人。

換句話說，當我們嘗試用「是」或「否」來回答這個問題時，會發現這兩種答案都不夠全面。「勞動使我們更有人性」這個答案忽略了勞動在現實中可能引發的問題。反之，「勞動無法使我們更有人性」這個答案則錯失勞動的積極層面。既然這兩者看似無法並存，我們就必須找到調和點。這正是所謂的第三種立場。

那麼，接下來就讓來看看具體的結構大綱吧！

7 擬定結構大綱

⬇引言

．從狹義來看，勞動是人類懷著特定目的改造自然的行為。是人類特有的、涉及工具使用的行為，也是人類的本質。

・既然如此，勞動讓我們更具人性，似乎合情合理。

・然而，在現實生活中，我們經常強調勞動的艱辛和枯燥，彷彿勞動是違反人性的代名詞。

・所以，勞動對人類究竟具有什麼意義？

・如果勞動能使我們更具人性，是基於什麼原因？歷經什麼過程呢？

・如果勞動無法讓我們的生命更美好，又會是在哪些情況？

・歸根結底，勞動會使我們更具人性嗎？

正文①「勞動使我們更具人性」

・根據馬克思的觀點，勞動是人類特有的行為。勞動區分出人類與動物之別，也是人類的本性，更重要的是，人類透過勞動來實現自身這種本性。

・黑格爾在《精神現象學》中，以「主人與奴隸的辯證法」來闡釋對於勞動這種人類本質。當兩種自我意識為了爭取被認可從而產生衝突時，獲勝的一方成為

「主人」，落敗的一方則成為「奴隸」。奴隸失去自由，被迫滿足主人的欲望而勞動，卻在與自然界互動的勞動過程中，逐漸建立起自己的獨立性；反觀主人，卻變得完全依賴奴隸的勞動。這意味著，透過勞動，主人和奴隸的地位發生逆轉。從這個層面來說，勞動也是人類創造自我的行為。

・然而，勞動同時也帶來痛苦。為了達成目的，勞動者需要持續地繃緊意志。即便勞動的終極目標是實現人類的本質，但實現的過程卻充滿煎熬。

・那麼，我們還能堅定地說，勞動使我們更具人性嗎？

正文②「勞動無法使我們更具人性」

・古代並未將勞動視為實現人類本質的行為。亞里斯多德在《政治學》中，區分自由人和奴隸，他認為勞動是適合奴隸身體的工作。

・尼采也對勞動的價值讚頌提出質疑。他在《朝霞》中將勞動稱作「最優秀的警察」。根據尼采的看法，勞動無非是對人性的壓抑。

・從另一視角批判勞動的例子，可以援引馬克思在《經濟學哲學手稿》中的論述。他用「異化勞動」的概念描繪這樣一個過程：勞動者生產的財富愈多，自身反而愈貧困。勞動者不僅被掠奪成果，甚至還得屈從於這些成果而生。這是非人化的勞動形式。

・如此看來，勞動非但不是人類的本質，反而使人遠離本質。「異化勞動」這個概念尤其揭示出，勞動是把我們推向非人化境遇的巨大機制。

・然而，非人化的勞動，果真是勞動的本質嗎？所有對勞動的讚頌都是錯誤的嗎？抑或存在所謂「良好的勞動」呢？

正文③「勞動的形式決定我們的存在狀態」

・儘管勞動可能帶來痛苦，但正如黑格爾所說，勞動能將人類從僅滿足自然需求的狀態，轉變為更高等的存在。因此，勞動絕對有其正面積極意義。

・若勞動呈現非人性特質，其原因是否不在勞動本身，而在於勞動的組織方式？

・馬克思與恩格斯將異化勞動歸因於階級鬥爭，據此提出共產主義的構想。他們主張盡可能公正地分配勞動創造出來的財富，思考出不會產生異化的勞動組織，進而形塑整個社會的樣貌，這就是一種讓我們思考如何使勞動變得更人性化的方法。

- 再者，我們也需要思考勞動本身的樣貌。勞動是持續追求目標的活動，不應淪為「為勞動而勞動」，無止盡地創造下一個勞務。我們能否像阿蘭一樣，在勞動本身中尋得快感與「樂趣」？換句話說，這是在探討勞動作為自我實現與成長工具的可能性。

結論

- 人類可以透過勞動實現自身的本質。
- 然而，勞動同時也會帶來痛苦。「異化勞動」這個概念，清楚地說明了勞動中違反人性的一面。
- 話說回來，勞動還是有正面的意義。思考怎麼擺脫異化勞動，以及「為了工作而工作」的狀態，本身就是很重要的思考活動，可以說這讓我們更具人性。
- 儘管勞動存在諸多問題，但依舊持續使我們更具人性。

・不過，勞動真的是讓我們更有人性的最佳方法嗎？

其他解題方向

以上是以引言、正文、結論為結構大綱的範例，當然，我們也可以提出其他可能的答案。我們可以選擇支持「是」或「否」這兩個立場中的任何一方。在這種情況下，我們必須清楚地表明所做出的結論（也就是自己支持的立場）更站得住腳。具體來說，這需要逐一反駁最初立場的論據。例如，如果論述是從「是」走向「否」，就需要否定勞動是人類本性行為的說法；如果是從「否」走向「是」的論述，則必須讚揚勞動的價值。只要論述的脈絡清晰，這也會是個不錯的答案。

此外，範例中採用「是」→「否」→「第三種立場」的結構，但我們當然也可以考慮「否」→「是」→「第三種立場」的順序。例如，先討論非人性化的勞動，然後再探討勞動的正面意義。如此一來，就能提出「為什麼本質上應是人性化的勞動，在現實中卻偏離人性？」的問題。請記住，這裡的結構大綱只是一個參考範例。

問題2 科技「能讓我們更自由嗎？」

接下來是第二道題目。我們先分析一下問題。

1 問題主題：科技、自由

2 問題形式：可以用「是」或「否」來回答的問題

3 詞彙定義

我們必須先定義「科技」和「自由」這兩個詞。「科技」的範疇廣泛，涵蓋樹枝、石器等簡單工具，到電腦、火箭、核反應爐等複雜機械的製造與運用。科技的目的在於使勞動更輕鬆且更有效率。因此，科技與勞動密不可分。

「自由」的定義則更為複雜，因為「自由」這個概念會因語境而有不同的意義。在此，我們將「自由」定義為「毫無限制」。然而，我們也應記住，這個定義附帶許多前提。例如，為了讓社會成員在政治上享有自由，必然存在法律或道德等限制，以避免個人恣意妄為。如果我們考量到自由是在這些限制下確立的，就會明白自由並非單純地移除所有限制。儘管如此，在意識到這些前提的同時，為了符合問題的意圖，我們仍將「自由」定義為「毫無限制」。如此一來，這個問題便可理解為：「科技能為我們解除所受的限制嗎？」

4 以「是」或「否」回答問題

立場支持「是」的話，可以直接說「科技能讓我們更自由」。「否」的立場則有幾種可能性，最直截了當的說法是「科技並無法讓我們更自由」。此外，也可以強調科技的負面影響，例如「科技箝制我們的自由」或是「科技掠奪我們的自由」。

5 把題目拆解成數個提問

現在，讓我們把問題拆解成多個提問：

- 何謂科技？
- 怎麼樣才是自由？
- 科技為何能讓我們更自由？

・科技如何讓我們更自由？

・如果科技會掠奪我們的自由，會是哪些情況？

如同所見，這些幾乎都是「複製貼上」剛才的第一道問題。不過，只要問題的內容不同，探討的內容自然也截然不同。

6 決定作答的方向

針對此問題的兩種立場（亦即「是」與「否」）分別是：「科技能讓我們更自由」和「科技不能讓我們更自由」。你對科技本質的觀點，將決定你所支持的立場。如果你以樂觀角度看待科技，那麼可以依照「否」再到「是」的順序來論述；反之，如果你抱持悲觀立場，則應以「是」再到「否」的順序來討論。

在此，如同第一題，我們來思考是否存在第三種可能性。要判斷科技的本質是好是壞並不容易，因為科技這個概念所涵蓋的範圍極其廣泛，例如同一項科技可能一方面用於助人，另一方面又用於殺戮。在這種情況下，決定善惡的並非科技本身，而是其使用方式。

同樣的道理，也適用於技術與自由的關係。例如，ＧＰＳ（全球定位系統）這項技術，雖然大幅拓展了我們移動的自由與可能性，但同時也以前所未有的程度監控著個人的行動。說明科技會因為使用方式不同，而產生截然不同的意義。

此外，近年來科技的飛速發展，似乎正從根本上改變科技與自由的關係。ＡＩ人工智慧技術進步，可能威脅到人類思考的地位；而生殖技術的發展，也每天都在催生出關於生命的新議題。

從此角度來思考，科技似乎會改變「自由」這個概念本身。也就是說，我們過往所定義並體驗的自由，正因為科技發展而面臨界線的考驗，進而轉變為不同的樣貌。這意味著，科技不僅僅是增加或減少自由，甚至可能改變「自由本身」的可能性。

在結構大綱方案的第三種立場中，我們將探討這種「改變自由概念的科技」。

7 擬定結構大綱

⬇引言

・科技是進行勞動的各種智力或物質手段的總稱。

・科技進步使我們能更有效率地完成勞動。例如，技術提升生產力，我們得以擁有更多閒暇時間。
・從這個意義上說，科技減輕了我們必須從事勞動的辛勞，並且縮短勞動所需的時間。也就是說，科技移除勞動對我們施加的限制。
・如果我們將完全的自由定義為「不受限制」，那麼可以說，科技使我們變得更加自由。
・然而，科技真的讓我們更自由嗎？
・在科技日新月異發展的現代，我們能說比過去的人們更自由嗎？
・生活便利性確實提升了，但我們依然處於疏離狀態，並且面臨著技術進步所引發的種種問題。
・換句話說，無法簡單地將科技與增進自由畫上等號。
・既然如此，為什麼我們仍會認為科技能讓我們更自由呢？
・或者說，科技是基於什麼原因掠奪我們的自由？在什麼情況下，我們會因為技術而遠離自由呢？

・歸根究底，科技究竟能否讓我們更自由？

正文①「科技能讓我們更自由」

・正如馬克思所說，使用工具是人類勞動的特徵。藉由為特定目的製造的人工用具，人類的勞動能更有效率，在更短的時間內取得更多成果。在此過程中，科技被用作加工物質的方法。

・科技不僅涵蓋工具，也包括勞動程序，以及作為勞動力的人員配置與管理。當多人朝著共同目標分工合作時，便能達成個人或小團體無法實現的成果。

・科技致力於將勞動成果最大化。而且，既然勞動行為在於解放人類受制於自然的各種限制，那麼勞動本身就是追求自由的活動。

・科技促進人類勞動以獲取自由。拜科技所賜，人類能更迅速且確切地滿足身為生物的生理需求，以及人類特有的欲望。

・此時實現的自由，首先是物質層面的自由。隨著科技進步，人類得以移動更遠，與更多人相遇和交流。

・物質自由同時也是政治自由的基礎。在缺乏物質自由的情況下，僅憑自身意志、自主思考與行動，無法實現政治自由。從這個角度看，科技奠定了自由社會的基礎。

・然而，科技的發展也導致欲望無止境地膨脹。由於欲望永遠無法完全被滿足，這在科技發展與新欲望的誕生之間，形成了永無止境的糾纏。正如軍事科技進步不斷催生新武器，這為人類帶來的並非自由，而是新的束縛。

・如此看來，技術與自由之間的關係，可以說存在巨大的矛盾。如此一來，科技與自由之間的關係出現了巨大的反差。那麼，在什麼情況下，科技會掠奪我們的自由呢？

正文②「科技未必能讓我們更自由」

・我們常常傾向於將科技視為中性的事物。然而，正如海德格在《技術的追問》中的闡述，這種觀念會「使我們對技術的本質完全視而不見」，從而忽略科技帶來的潛在危險。

- 科技進步的同時，勞動變得更為複雜，創造出更多財富；但正如馬克思在《經濟學哲學手稿》中指出，勞動者反而遠離自身勞動的成果。不僅如此，科技進步非但未能將勞動者從勞動的痛苦中解放出來，反而催生新形態的勞動，帶來新的苦難。從這個角度來看，科技進步也是削弱人類自由的一個因素。
- 更甚者，隨著科技進步在滿足欲望的同時，也創造出新的欲望。新技術發明的產品，同時激發人們想占有的欲望。科技進步非但沒有使我們擺脫欲望，反而使我們淪為欲望的奴隸。這便產生了一個悖論：透過理性產生的科技，卻導致人類被欲望支配。
- 這似乎也威脅到康德在《道德形上學基礎》中闡述的道德自由——即憑藉理性確立道德法則，並僅依循該法則行動的自由。我們是否可以說，科技的進步正導向人類道德的墮落？
- 隨之而來的是倫理議題：我們應當如何理解和應對新科技的發展？科技進步導致自由概念面臨前所未有的挑戰，這些嶄新問題將如何改變自由的概念？

正文③「科技將改變我們對自由的觀念」

・勞動效率隨著科技進步而提升，我們也因此更自由。

・然而，勞動效率提高的同時，也催生了新的勞動形式與新的欲望。我們被束縛在不同類型的勞動中，並且受制於新事物所激發的欲望。

・在這種情況下，我們過去對自由的觀念似乎正面臨考驗，甚至被迫轉變。

・舉例來說，AI人工智慧的發展正劇烈衝擊人類道德自由的觀念。我們難道能因為AI自主做出道德判斷，就說AI擁有道德自由嗎？要區分人類理性與發展到極致的人工智慧「理性」，困難度似乎超出想像。

・此外，隨著資訊科技進步，我們的思想與行為，無論是原貌或留下的痕跡，都會被蒐集與分析，從而以我們難以察覺的方式施加影響。例如，透過網路搜尋紀錄預測個人偏好，進而推薦符合需求的商品或服務的機制，就揭示了我們自己都未曾察覺的欲望。這是否以不同於佛洛伊德主張的方式，引導並形塑我們潛意識的欲望呢？

・資訊科技的進步，也能夠監控、預測，甚至悄無聲息地引導個人的行為。我們的行為選擇，是不是愈來愈傾向由這些引導所主宰？在這種情況下，我們還能像笛卡兒那樣，堅稱自己擁有自由意志嗎？

・如果我們不得不承認自己並不自由，那麼我們似乎正步入史賓諾莎的境地。史賓諾莎在《致舒勒書信集》中寫道：「所有人都以擁有自由為傲，但他們的自由，不過是因為意識到自己的欲望，卻不知道那些決定自己的原因罷了。」在史賓諾莎看來，自由是一種幻覺。他認為，世間萬物是源於上帝的因果關係，而科技的進步似乎正在實現一種不同意義上的決定論。我們正生活在欲望和行動都受科技所左右的社會。

・因此，科技進步可以說正迫使我們改變對自由的既有認知。

結論

・科技進步，一方面確實讓勞動變得更有效率，創造出更多閒暇時間，同時，新的科技成果也確實讓我們在生活中享有更多的自由，尤其是在物質層面。這也為政治自由奠定了基礎。

- 但別忘了，科技進步也可能反過來加劇勞動的強度，進而剝奪我們的自由。
- 更令人擔憂的是，科技並非只是更臻完善地滿足我們的欲望，也可能導致欲望無限膨脹，使得人類淪為欲望的奴隸。這其中蘊含著一個巨大的風險，我們的道德自主性可能遭受科技損害。
- 不僅如此，科技的進步正在顛覆我們對自由的認知。科技發展導致自由意志受質疑，並建構出更強調因果關係、行為可被預測的世界，這些在在都顯示當我們思考自由時，已無法迴避科技所帶來的深刻問題。
- 換句話說，問題的關鍵不在於科技是否讓我們更自由，而是自由本身的意義正在被重塑。
- 面對被科技深刻改變的自由，我們是順其自然地接受，還是應該抗拒呢？

其他解題方向

在解答範例中，我們採用了「是」→「否」→「第三種立場」的結構，但如果將「是」和「否」的順序對調，改為「否」→「是」→「第三種立場」，討論同樣能夠成立。在這種情況下，若能提出「因科技發展而促進的自由，是否正創造出我們前所未有的新形態自由？」這個問題，便能順暢地銜接至第三部分。此外，第三部分也可以援引更多對科技進步持肯定態度的例子來論述。

問題3 正義「行使權力與尊重正義能夠並存嗎？」

1 問題主題：國家、正義

2 問題形式：可以用「是」或「否」來回答的問題

3 詞彙定義

首先，讓我們來定義「權力」。這個詞彙涵蓋的範圍廣泛，從個人或群體施加的影響力，到國家機器甚至類似組織所運用的力量，都屬於權力的範疇。然而，若參考法國哲學教育的課程，將其理解為國家權力是最為恰當的。國家權力，指的是國家對國民行使的各種形式的力量，有時候是暴力，有時候則是法律上的禁止或限制。在這裡，我們暫且將其定義為「國家所擁有，並以法律或暴力等形式行使的力量」。

至於「正義」，則有多種可能的定義。正義可以被理解為尊重他人的權利，而法律則是實現這個目的的工具。在這種情況下，遵守法律就等同於實踐正義。

然而，同時我們也能想像到背離正義的法律。有些法律本身可能就是不正義的，在這種情況下，正義便凌駕法律之上，成為衡量法律是否合乎公義的更高準則。此外，我們還可以思考與法律無直接關聯的正義，例如個人品德的正義感或慈愛之心。在這些多樣的正義定義中，我們應選擇哪個作為主要定義，將在制定解答方針時重新斟酌。

我們也必須仔細思考「能夠並存」（可能並存），這有別於「實際並存」（同時成立）的概念。「能夠並存」指的是，即使在某些實際情況下，兩個概念或事物可能無法同時存在，但若在原理上或理論上能夠兼容並蓄，我們仍可稱之為「能夠並存」。反之，如果從邏輯推演來看難以並存的事物，在實踐中卻（不明緣由）確實並存了，我們也能用「能夠並存」來形容。在這個問題中，我們必須思考行使權力和尊重正義這兩個概念可能衝突，但能否同時成立，如果能，那是在什麼情況下？如果不能，又是在什麼情況下？

4 以「是」或「否」回答問題

本問題的答案是：「是，行使權力與尊重正義能夠並存」，或是「否，行使權力與尊重正義不可能並存（或稱不可能同時成立）」。

5 把題目拆解成數個提問

我們可以提出以下問題：

- 權力是什麼？
- 行使權力意味著什麼？
- 正義是什麼？尊重正義又意味著什麼？
- 行使權力與尊重正義「能夠並存」（可能並存）是什麼樣的狀態？
- 為什麼行使權力與尊重正義可能並存？或者為什麼不可能並存？
- 透過什麼樣的程序，行使權力與尊重正義能夠實現並存？
- 如果行使權力行時不尊重正義，會發生什麼狀況？

6 決定作答的方向

首先，我們必須思考兩種立場：「行使權力與尊重正義能夠並存」（是），以及「行使權力與尊重正義不可能並存」（否）。

從根本上來說，行使權力與尊重正義之所以能並存，這意味著行使權力不會違反正義的原則。那麼，這種關係在什麼情況下能夠成立呢？當國家遵守自身制定的法律時，這就符合正義。然而，法律不可能預見所有權力行使的細節和複雜情況，許多時候需要判斷個別案例。負責承擔這項判斷職責的正是司法系統。「正義」與「司法」英文和法文都稱作「Justice」，這正好說明了確保正義是司法的職責。換句話說，只要始終依循法律行使權力，並且法律本身也能保障正義，那麼就可以說行使權力與尊重正義是並存的。

然而，行使權力與尊重正義並非總是能夠並存。例如，一旦權力行使逾越法律界線，那麼這兩者就不可能並存。這也包括裁決權力違法行為的司法系統失靈的狀況。

更深層的問題可能出在法律自身。當法律本身就違反正義原則時，例如，某些法律可能基於種族或性別而設定不同的權利，這顯然是違反正義的；但只要程序上沒有問題，這樣的法律仍有可能成立。這類法律雖然合法，卻不能稱之為正義。

這清楚地顯示，法律與正義之間存在一道鴻溝。正如我們在前面的定義部分所提到，正義不能與法律畫上等號。那麼，究竟是什麼能夠保證行使權力與尊重正義能夠並存呢？或許，我們可以借鑒深植於人心的自然權利概念。正如列奧．施特勞斯在《自然權與歷史》中，針對自然權利的概念指出：「在人類內心深處，存有某些無法完全融入他所屬社會的事物。」他主張自然權利可以超越國家和社會界限，判斷何謂真正正義的基準。因此，即便基於法律行使權力，但如果該法律違背自然權利，那麼行使權力與尊重正義就不能算是並存的。

7 擬定結構大綱

引言

· 權力指的是由國家所秉持，並以法律或暴力形式，對國內外人民及組織行使的力量。

· 狹義而言，尊重正義就是遵守法律。換句話說，當權力行使者恪守那些能正當保障個人權利的法律時，就是與權力行使並存，對正義的尊重。

・然而，這種理想關係並非總是成立。有時，權力行使會逾越法律所設定的界限；此外，也可能存在不正義的法律。

・當我們審視權力與正義的關係時，會引發以下疑問：

・行使權力與尊重正義「可能並存」是什麼樣的狀態？為什麼行使權力與尊重正義可能並存，或者為什麼不可能並存？行使權力與尊重正義，要在什麼樣的條件下才能並存？

・歸根結底，行使權力與尊重正義究竟能否並存？

正文①「行使權力與尊重正義可能並存」

・亞里斯多德在《尼各馬科倫理學》中將正義定義為「合法且公平的事物」。只要合法性和公平性受到尊重，行使權力與尊重正義似乎就能並存。

・霍布斯在《利維坦》一書中，以契約模型論述國家為何能立法的緣由：為了擺脫「所有人對所有人的戰爭」這種自然狀態，人們同意讓渡部分權利，形成

「社會契約」，因此國家成為主權的擁有者，並具有行使權力的資格。

・如果法律能保障正義，那麼擁有立法權的國家所行使的權力，理應能與尊重正義並存；國家制定的實定法，也應等同尊重正義。

・然而，行使國家權力有時會引發合法性的問題。法律的應用未必總是公平，國家必須具備解決這些合法性問題的手段。孟德斯鳩在《論法的精神》指出，立法、執行（行政）、司法三權分立是自由的關鍵要素。他主張，「如果同一個人，或同一個由貴族或人民中有影響力者組成的團體，行使這三種權力……則一切將盡失」。依循他的觀點，三權分立似乎是行使權力與尊重正義得以實現的必要條件。

・然而，即使行使權力受到三權分立的限制，這就足以確保尊重正義嗎？如果法律本身未能尊重平等原則，即使在法律框架內行使權力，不也可能出現未能尊重正義的情況嗎？

正文②「行使權力與尊重正義不可能並存」

・行使權力有時會超越法律的界限。試想，在權力高度集中的獨裁國家，權力很可能被恣意行使。在這種情況下，法律不僅形同虛設，甚至可能成為權力運作的絆腳石。

・更有甚者，有時法律本身就可能不符合正義。馬克思和恩格斯在《共產黨宣言》中指出，現代國家是為統治階級，即資產階級的利益服務的。在他們看來，法律也是為了維護統治階級的利益而制定，因此無法保障所有人的權利，自然也談不上符合正義。

・追根究底，法律因國家而異，同一行為在某國合法，在另一國卻可能違法。針對這種法律的相對性，帕斯卡在《沉思錄》中指出：「庇里牛斯山此側之真理，彼側則為謬誤。」他藉此指出法律本身以及正義本身並非絕對。

・總之，行使權力與尊重正義不一定能並存。這可能是由於權力被濫用，或是國家本質的缺陷，抑或是法律的相對性所致。

・那麼，既然存在這些問題，我們還能堅持行使權力與尊重正義「可能並存」

嗎？在什麼樣的條件下，這兩者才能同時成立呢？

正文③「行使權力與尊重正義得以並存所需的條件」

- 行使權力與尊重正義得以並存，但前提是必須滿足兩者的某些特定條件。
- 為了讓行使權力符合正義，至少應嚴守法律規範；並且，當逾越法律界限時，必須具備能夠迅速糾正的機制。這正是三權分立中司法的角色。
- 此外，當行使權力填補法律的空白時，也應當符合正義。亞里斯多德在《尼各馬科倫理學》中指出：「法規始終是普遍性的，但對於個別案例，有時無法以普遍的方式精確契合。」這意味著，法律屬於一般規則，有時無法充分顧及個別案例的特殊性。將普遍的法律適用於個別情況，是國家應透過司法權和行政權來執行的工作，藉此實現尊重正義。
- 再者，即使法律因國家而異，這也未必意味著正義缺席。判斷各種實定法是否符合正義是可能的。例如，我們可以想像那些偏袒特定階級的不正義法律。此時，我們是根據某種正義與不正義的標準來判斷該法律的。這個標準便是自然權利，或者說自然法。

- 孟德斯鳩在《論法的精神》中闡述道：「一般而言，只要是為了治理地上所有人民，法便應是人類理性。而各國關於國制與公民的法律，都只能是這種人類理性的個別應用。」換言之，實定法是否符合正義，是由人類與生俱來的理性，即人類的本性所決定的。這表示，規範正確行使權力的法律本身，也受制於自然法這一標準。
- 因此，行使權力與尊重正義，需滿足兩項條件才能並存：第一，實定法對權力行使的監督、糾正與調整；第二，實定法必須符合自然法。

結論

- 如果我們將正義定義為遵守法律，那麼行使權力與尊重正義似乎可能並存。然而，考量到權力行使常逾越法律界限，並且可能存在不正義的法律，我們很難說這兩者總能並存。
- 行使權力與尊重正義若要可能並存，需要滿足以下條件：法律中必須存在能夠判斷權力行使是否合法的機制，同時，法律本身也必須尊重自然法。

- 唯有滿足上述條件，才能實現行使權力與尊重正義兩者並存。
- 那麼，出現不尊重正義的權力時，我們是否應該推翻呢？

其他解題方向

即使是只支持「可能並存」或「不可能並存」其中一種立場的小論文，也能完成出色的答案卷。如果你支持「可能並存」，由於這並不代表總是並存，因此應該詳細闡述能夠實現並存的條件。反之，如果你支持「不可能並存」，與其兩面具呈（既有可能並存也有不可能並存的情況），不如直接導出「所有權力行使最終都是不正義的」這類結論，這樣反而能寫出更清晰易懂的答案。只要是經過邏輯推演得出的結論，即使是極端的觀點，也必定會受到肯定。

我們在本章中，選取法國高中會考哲學試題中的三個範例，並介紹其解題方法。儘管這些問題涵蓋「勞動」、「技術」、「自由」、「正義」等多樣主題，但所有解答都依循著相同的「模式」：先分析問題，後擬定「引言」、「正文」和「結論」的結構。當然，不同的問題內容截然不同，但你也能實際感受到這種「模式」在將多元內容塑造成論證形式上的強大威力。

解答的內容本身或許平凡無奇。然而，既然法國高中會考並非要求哲學獨創性的考試，即使答案普通也無妨。更值得關注的是，同一種「模式」對於不同類型的問題，都能有效適用。

最後，我將介紹與本章探討問題類似的題型。這些題目都能巧妙地結合本章所介紹的論據來解答，請務必試著思考看看。

1. 勞動僅僅是為了生存的手段嗎？
2. 科技進步會改變人類嗎？
3. 為了實現正義，僅僅適用法律就足夠了嗎？

第6章

在各種場合應用「思辨模式」

到目前為止，我們詳細介紹了如何在哲學領域運用「思辨模式」。不過，這種思辨模式並非僅限於哲學領域。在日常生活和工作的各個層面，都能用於表達自身的想法，或是理解他人的觀點。

在第5章之前，我們以法國高中會考的哲學題目為例，探討如何運用「思辨模式」回答問題。從本章開始，我們將跳脫哲學的框架，思考如何將「思辨模式」應用到更廣泛的領域。

⊙「思辨模式」的運用——養成「公民」教育的哲學

為什麼我們需要運用「思辨模式」來思考呢？只要回到哲學教育的初衷便會豁然開朗，哲學教育的目的，正是為了培養「公民」。

那麼，究竟什麼樣的人才稱得上是「公民」呢？

我們的社會依循民主規則運作，在這樣的體制下，社會中每一位成員都被要求能夠獨立思考並採取行動。因為社會應如何運作、應朝何處發展，是由作為主權者的社會成員共同決定的，如此才能確保決策的公正性與正當性（當然，現實中未能達到此標準的例子或許更多）。

然而，民主的決策過程並不僅限於整個社會或國家層級。在諸如社區、家庭等較小的群體中，乃至於國與國之間的關係，或不同國籍者之間，公正的決策同樣重要。

在這種時候，透過權力或威權讓他人順從，或者自己去順從他人，雖然很容易，但會導致少數人決定整個社會走向，這樣的社會並不是民主社會。

多數民主國家都採行間接民主制，國家層級的決策由主權者的代表來執行。即使如此，民主的理念仍舊建立在每個人都能獨立思考、整合自己的意見、表達出來並據此行動，唯有如此才能真正實現民主。

我們就把這種「能獨立思考、表達意見並採取行動」的人，稱為支持民主社會的「公民」吧！

哲學教育的目的，正是培養「公民」。正如我們前面的論述，哲學能夠培養批判性思考的能力。所謂批判性，指的是不盲目接受既有資訊，而是平等看待並仔細檢視其他或矛盾衝突的資訊。

在民主社會中，人們會表達各種不同的意見。為了判斷這些意見中哪些正確、哪些錯誤，以及如何才能達成共識或妥協，批判性態度是絕對不可或缺的。

⊙什麼是教養？——認識並接納差異

要成為有修養的人，需要什麼條件呢？普遍來說，大家認為關鍵在於「教養」。然而，對於教養的定義，卻是眾說紛紜。教養等同於知識嗎？如果是，又是哪一類型的知識呢？哲學、文學、藝術等領域的學問，常常被拿來作為例子。

有一種觀點主張，閱讀可以積累這些知識，有助於提升個人修養，這可以追溯至大正時代推崇教養的思潮（即「大正教養主義」）。過去大學裡曾設有「教養課程」，其目的正是讓學生學習那些與主修專業沒有直接相關的知識。這種制度的核心思維，是認為在學習專業知識之前，必須先具備教養。

同時，這些知識往往無法立即「派上用場」。在日常生活或工作中，哲學、文學、美術等知識直接「派上用場」的機會確實不多。即使有人說：「跟外國人交流時，教養很重要。」但如果你根本沒有這樣的機會，你可能就會認為：「這與我無關。」因此，主張教養不重要似乎也站得住腳。

然而，真的是這樣嗎？確實，很難想像擁有平時鮮少使用的知識是「有用的」。此外，那種因為無用所以有用的「無用之用」觀點，或許能說服認為教養有效的人，但對那些認為教養沒用的人來說，可能就只是紙上談兵。

因此，我們需要換個角度思考。如果教養不單指知識本身，更是指獲取知識的方法呢？這樣一來，「有教養」就不僅僅指知識量的多寡，更意味著是否擁有獲取新知識的方法，以及是否擁有多元獲取知識的管道。過去大學的教養課程，或許正是讓學生涉獵不同知識領域，有機會接觸到各種獲取世界知識的方法（當然，這也因大學或教師方針而有很大的不同）。

那麼，掌握創造知識的各種途徑，會帶來什麼樣的效益呢？首先，這能夠賦予我們對自身、他人以及世界這些知識客體的「差異化認知」。這意味著去理解自己與他人有何不同；認識世界本身、世界中的事物與組織遵循何種原理運作，有哪些共同點，哪些地方存在對立；為了理解這些，有哪些可行的方法，以及如何實際運用這些方法。其中涵蓋對他人與世界的多元知識，不論是人文學科或科學領域。

「對差異的寬容」建立在認識差異的基礎上，或者反過來說，正是因為我們對差異抱持寬容，才會渴望了解他人與世界。當我們遇到前所未見的事物，有時會因為與過往經驗或常識相去甚遠，而選擇拒絕理解或停止思考。然而，當一個人願意接納差異的存在，並深入探討與討論時，就能擺脫偏見。即使無法完全消除偏見，但至少不會僅僅因為差異而選擇視而不見。

「批判性思考」既是這種對待差異態度的前提，也是必然的結果。透過批判性思考，我們得以質疑自己的知識或既有知識是否正確、是否足夠。然後，暫且將自身的知識及成見束之高閣，如此我們才能真正面對自我、他人與世界。

⦿掌握「思辨模式」的意義

如果我們將一個能夠理解並接納差異，並且對自我、他人與世界保持批判精神的人，視為稱職的公民，那麼「思辨模式」在此發揮了什麼作用呢？我們在第5章裡學到的「思辨模式」，是分析問題、列舉可能的答案選項，並充分考量反對意見的合理性後，在結論中闡述自己支持的答案。這其中正蘊含著民主社會所需要的決策程序其雛形。

問題分析是指仔細檢視問題的前提，並釐清所有可能的立場，而後才充分考量反對意見，並分析另一方觀點。如果我們主張某一方意見更為出色，只需在結論中扼要說明即可；或者整合雙方意見，開創出新的立場，並闡明其優點。

這裡在做什麼呢？這其實是在模擬民主體制中的決策過程。雖然是簡化的形式，但確實遵循著充分權衡反對意見後得出結論的核心原則。

因此，哲學教育對於培養公民所需的思考能力和表達能力具有重要價值。在中學教育的最後階段學習哲學，正是為了培育未來公民所設計的最後一環訓練（至於這項訓練的成效如何，則是另一個值得探討的問題）。

⊙從解開既有問題轉變為提出問題

法國高中會考哲學測驗所培養的思辨能力有極為明顯的局限，那就是主要著重於應對「既定問題」的思考能力。鑑於考試的形式，這也是無可避免的。

然而，如果要靈活運用「思辨模式」，我們需要在沒有預設問題的情況下，自行發掘問題並設法解決。雖然我們之前探討的「思辨模式」提供了解決問題的方法，卻沒有提及如何發現問題。因此，接下來我們將探討如何發掘問題。

當前的日本高等教育反覆強調著發現問題的能力，以下引述的內容說明了為何現代社會需要具備這種能力：

我國在全球化迅速發展、少子高齡化導致人口結構轉變、能源、資源、糧食等供給問題以及城鄉差距擴大等問題迅速浮現之際，社會結構正發生巨大轉變，以往的價值觀也正在被徹底重新審視。（中略）生活在這樣的時代並為社會做出貢獻，需要具備在遭遇突發狀況時，發現其中潛藏的問題並明確判斷解決途徑的能力。

中央教育審議會「為建構新未來的大學教育質量轉型：成為持續學習、自主思考的育成大學」（答覆）平成24年8月28日，強調標記部分為筆者所加

雖然這是一篇較早的官方文件，但這項認知現在依然具參考價值（儘管其中提出的對策可能偏離重點……）。「突發狀況」種類繁多，我們需要將之轉化為「問題」的形式，然後「明確判斷解決的途徑」。「解決」正是「思辨模式」的強項。

然而，我們到目前為止並未深入探討如何發現問題。為了在社會生活的各個層面應用「思辨模式」，掌握發現問題的方法便顯得格外關鍵。接下來，我們將探討如何提出問題。

⦿思考「如何提問」

到目前為止，我們已經看過法國高中會考哲學試題，但要如何應用於各種情境中呢？哲學問題很少能直接提供解決日常生活問題的線索。

然而，如果我們將焦點從問題的「內容」轉移到「形式」呢？在第3章中，我們曾探討問題的多樣形式，而每種形式所對應的答案類型也都有一定的規律。

這就表示，如果你能將目前遇到的問題，轉換成法國高中會考哲學試題的形式，那麼答案也將自然而然地浮現。換句話說，你可以模仿法國高中會考哲學試題的提問方式，為自己想解決的事情提出問題。

我們將在本章深入探討這種「提出問題的方法」。

⦿開放式問題與封閉式問題

首先，讓我們再次確認一下法國高中會考哲學科的考題類型。

第3章中舉出的「理性是否能說明一切？」這個例題，屬於可以用「是」或「否」來回答的問題（當然也可以回答「兩者皆非」）。像這種只能從「是」或「否」之間擇一回答的提問形式，稱為封閉式問題。封閉式問題的優點，在於能夠明確表達贊成或反對的立場，並且有利於建構論證的脈絡。

相對的，無法用「是」或「否」來回答的問題，稱為開放式問題。具體來說，像是「什麼」、「誰」、「哪裡」、「何時」、「為什麼」以及「如何」等，這類所謂的「5W1H」相關提問都屬於此類。

開放式問題的特點，首先是答案通常不止一個。當然，某些情況下答案是唯一的，例如「是誰打破了玻璃？」如果你知道肇事者，答案就只有一個。然而，當問題是關於「為什麼」或「如何」等原因或方法時，答案就不見得只有一個。

假設你昨天晚餐點了外送披薩，被問到「你昨晚為什麼吃披薩？」時，原因可能不只一個。你可以列出許多解釋的理由，例如「懶得下廚」、「就是想吃披薩」或者「剛好有折扣券」等等。

又或者，面對「你如何取得現在這份工作？」這樣的問題，答案也可能五花八門，從回答「因為對這個職務有興趣」、「和大學所學相關」，到詳細說明求職過程等等，各種答案都可能出現。

開放式問題雖然是深入探究的良好提問方式，但也有其局限。當列舉的答案過於繁多時，反而會讓人難以分辨哪些是重點，以及答案之間的關聯。答案多到反而無法回答問題，聽起來或許有點荒謬，但可以想見，如果只是將腦海中浮現的答案依序羅列，確實很難搞清楚究竟什麼才是最重要的。

因此，回答開放性問題其實相當有挑戰性。所以，在這裡我們將練習如何以封閉式問題的形式來提問，這種問題形式要求我們必須明確區分「是」與「否」來作答。

那麼，究竟該如何「提出問題」呢？一般而言，我們通常會嘗試從自己的興趣、關注點或面臨的困境中「提出問題」。也就是說，先有了感興趣或困擾的「實質內容」，然後再賦予「形式」，這就是提問。然而，有時候我們對自己究竟對什麼感興趣或者為何而困擾，可能感到模糊不清。想做點什麼、想解決什麼問題，卻又說不出個所以然，心裡感到不安。

在這種時候，我們該如何應對呢？其中一個方法是「徹底思考」，直到釐清問題的癥結點。這雖然是正面迎擊的作法，卻相當耗時費力，而且也無法保證一定能找到答案。

在這裡，我們將提出一個不同的方法。如果「實質內容」不夠明確，那麼不妨從「形式」著手。在第3章中，我們已經了解法國高中會考哲學科的問題會被分類為幾種形式，現在我們就利用這些形式來嘗試建立問題。

目前的法國高中會考哲學科的試題，包含以下幾種形式：

1. 能～嗎？（能夠～嗎？）：有關可能性的問題。
2. 可以～嗎？（允許～嗎？）：有關權利的問題。
3. 應該～嗎？：有關義務或必然性的問題。
4. ～就足夠了嗎？：為了達成目的，某個條件是否充分的問題。
5. ～為真嗎？（～是正確的嗎？）：某個宣言正確與否的問題。
6. 以「是」或「否」句式回答的問題。
7. 在問題中提出答案選項的題型。

我們可以利用這些形式，嘗試擬定各種不同類型的提問。然後，從中找出最符合自己潛在問題意識的選項。

一般來說，我們會先有「問題意識」，然後才浮現出「問題」。這當然是合理的順序。但我認為也可以採取相反的作法，先擬定多個問題，再從中尋找貼近自己的問題意識。

「問題」盡可能愈多愈好。這種問題的「海量戰術」能幫助我們釐清自己所面臨問題的輪廓。因此，我們可以「從形式入手」來培養「問題意識」。

⦿練習提問——兩個案例

接著，我們來看看具體的操作方式。

首先，設定問題的關鍵字。這些關鍵字應與你的興趣或面臨的問題相關，一開始粗略設定即可。一個方法是準備多份具體的材料，例如新聞報導。主題即使互不相關也沒關係，也不需要仔細研讀。你可以快速瀏覽，同時列出吸引你目光的關鍵字。將關鍵字寫在紙上，讓內容一目瞭然，是個不錯的方法。

或者，你也可以在一張空白紙上，自由寫下你所關注或正在思考的事情。只需寫下單詞即可，然後用線條連結多個詞語，或用箭頭畫出關聯性，試著在紙上呈現你的想法。

無論採取哪種方式，重要的是不要有「寫文章」的念頭。一旦試圖寫成文章，思緒就會停頓。關鍵在於將進入視野或腦海中浮現的詞彙具體化。

持續這樣的練習一段時間後，你會累積相當數量的關鍵字。從中選出你感興趣、想進一步思考的項目，你可以選定不止一個。對於每一個選定的關鍵字，都可以運用法國高中會考哲學科的提問形式，將其轉化為問題。與選擇關鍵字不同，轉化問題的過程在某種程度上可以依循規則進行。

透過這種方式大量擬定問題，然後從中挑選出能幫助你釐清心中模糊不清想法的那個問題。這或許就像寄居蟹面對琳琅滿目的空貝殼時的心情吧！

在這裡，我們先由A和B兩位出場。

案例1：煩惱是否該轉職的上班族A

A大學畢業後便進入現在的公司服務，今年正好滿十年。他有些工作內容、收入、人際關係等方面的煩惱，隱約有換工作的念頭。不過，他還無法明確想像自己接下來要做什麼。所以，他希望能夠釐清自己目前的處境，包括是否應該轉職。

於是A便以「轉職」為關鍵字，擬出七個問題：

1. 轉職可行嗎？
2. 轉職是被允許的嗎？
3. 是否該轉職？
4. 光靠轉職，足以找到自己真正想做的事嗎？
5. 「轉職就能解決所有問題」這個說法是真的嗎？
6. 轉職是最後的手段嗎？
7. 轉職對我的人生是正面影響還是負面影響？

僅僅圍繞「轉職」這個詞來建構問題，就能衍生如此多樣化的提問方式。如果試著針對每一個問題以「是」或「否」來回答，就會發現需要提出的論據和論證的思路會產生顯著差異。

舉例來說，對於第一個問題「轉職可行嗎？」，雖然有「可行」和「不可行」兩種回答選項，但無論選擇哪一邊，都必須提出充分的論據，並依照「引言」、「正文」和「結論」的架構來作答。

這類的討論與針對第四個問題「光靠轉職，足以找到自己真正想做的事嗎？」的答案截然不同。要回答「轉職就足夠了」或「光靠轉職還不夠」，必須充分思考「自己真正想做的是什麼」，以及轉職是否就能達成目標，否則將難以回答。由此可見，將「轉職」這個關鍵字套用到幾種不同的問題形式中，可以幫助我們深入思考。

案例2：正在撰寫報告的大學生B

B同學需要撰寫一份關於「自由論述日本財政重建」的報告。他決定以「提高消費稅」為主題，但他發現，只是單純地條列查到的資料，並無法明確表達自己想討論的重點。他心裡也疑惑，「自由論述」到底是什麼意思？這樣要怎麼評估學生的能力？但抱怨無濟於事，所以他試著提出一些具體問題。以下是B同學列出的問題。

1. 提高消費稅可行嗎？
2. 提高消費稅能被社會接受嗎？
3. 應該提高消費稅嗎？
4. 光提高消費稅，就足以重建財政嗎？
5. 「提高消費稅就能重建財政」是真的嗎？
6. 提高消費稅有利於經濟成長嗎？
7. 為重建財政，應該提高消費稅，還是採取其他措施？

B在回顧課堂內容和自己查閱的資料後，回想起關於問題6「提高消費稅有利於經濟成長嗎？」有正反兩面的論點。他認為，若能充分探討贊成與反對雙方的論點，再導出結論，這份報告將更有價值。

此外，B也想起消費稅具有逆進效果，亦即對低收入族群會造成更大的稅務負擔。這讓他開始思考，除了財政重建之外，提高消費稅是否還有其他需要考量的層面。例如，從社會正義的角度來看，對經濟弱勢者造成更大負擔的消費稅調漲合乎情理嗎？基於此，他以問題2「提高消費稅能被社會接受嗎？」為切入點，進一步提出「提高消費稅在道德上是被允許的嗎？」這個問題。如此一來，他便能運用「思辨模式」，論述逆進效果問題以及財政重建對後代應負的責任。

像這樣，為了明確界定模糊不清的問題意識，採取逆向思考，亦即先擬定問題，是個頗具成效的作法。以各種形式建立問題，並從中篩選出最符合自己關注的問題，是將自己內心的問題或困境具體化的好方法。這樣建立起來的都是封閉式問題，因此可以用「是」或「否」來回答。

然後，正如第一部分所見，將一個問題拆解成多個小問題，我們可以清楚地知道要解答這個問題，必須思考哪些層面。這當中包含了關於定義和事實的問題（「～是什麼？」「～是什麼意思？」），以及引導論據的問題（「為什麼？」「如何？」「假如～會怎麼樣？」）。

接下來，我們要思考「是」與「否」這兩個選項各自需要哪些論據來支持。這裡的關鍵在於，即使面對與自身觀點相左的選項，也要盡可能找出更多的論據。例如，如果兩個選項都各有五個論據，那麼我們可以認為雙方的主張都各自站得住腳。相對的，如果一方有五個論據，另一方只有兩個，這種論據數量明顯失衡的情況下，具備五個論據的選項顯然更具優勢。而每個論據的分量，也都是判斷的依據。

當然，論據不僅要看數量，內容也必須扎實。然而，當論據的數量或篇幅明顯不同時，可能會給人結論被刻意引導的觀感，這也會削弱主張的說服力。

相反的，如果能充分考量反對意見，並認真評估這些意見也具備足以支持的論據，然後再主張自己支持的選項更為恰當，這樣反而能提高說服力。

當然，即使要提出「是」與「否」之外的第三種選項，也必須先蒐集支持「是」和「否」的論據，並證明雙方都具有一定程度的合理性。第三種選項提出了的新觀點，雖然能彌補雙方主張的不足，但這種立場唯有在充分審視贊成與反對意見後才能建立。

實作練習

1. 以關鍵字的形式，寫下你目前最關注的事物。
2. 運用法國高中會考哲學科的出題模式，從該關鍵字延伸出五個問題。
3. 選出一個最符合你問題意識的問題，並擬出「是」和「否」兩種不同回應的選項。

反覆練習將有助於你養成擬定問題，並從兩種對立角度思考的習慣。一旦你熟練提問的方法，因不清楚問題癥結而困擾的情況應該會大幅減少。這可以說是「思辨模式」所帶來的自由。

⦿超越「思辨模式」——思考開放式問題的解答方式

到目前為止，我們探討了以法國高中會考哲學科題目為藍本的提問方式及應答策略。這可以稱之為運用「思辨模式」來發現問題和解決問題的方法。

然而，「思辨模式」絕非萬能。世上仍有些問題是思辨模式無法妥善處理的，那會是什麼樣的問題呢？正如第3章所介紹的，「思辨模式」要求我們對一個問題首先以「是」或「否」來回答。基本的應答方式是在闡明肯定與否定意見後，再去思考其論據。因此，問題本身也被設計成適合以「是」或「否」來回答的形式。

如果所有問題都能以「是」或「否」來回答，那麼「思辨模式」無疑會成為無敵的方法。但遺憾的是，現實並非如此。世上確實有許多無法用「是」或「否」來回答的問題。舉例來說，「你昨天吃晚餐了嗎？」可以用「是」或「否」來回答，但「你昨天晚餐吃了什麼？」則無法這樣回應。

與「什麼」類似，「為什麼」、「如何」、「何時」、「何地」、「誰」這類的開放式問題，都屬於無法用「是」或「否」來回答的問題範圍。這類問題要求回答者提供與問題相對應的具體資訊，而非肯定或否定。例如，當被問到「這是誰？」時，就需要提供這個人的姓名或身分等資訊。

開放式問題中，有些相對容易回答，有些則不然。舉例來說，「你昨天晚餐吃了什麼？」「約會是什麼時候？」「會議在哪裡舉行？」「負責人是誰？」這類問題，只要你知道相關資訊，就能輕鬆回答。

然而，「為什麼」和「如何」這類問題有時就難以回答。繼續以晚餐為例，如果被問到「你昨天晚餐為什麼吃豆皮烏龍麵？」「你是怎麼決定晚餐菜色的？」，答案可能就不只一個。選擇豆皮烏龍麵的原因或許是剛好家裡有食材，也可能是身體狀況或心情因素。又或許是考量到手頭預算，甚至可能根本沒有特別的原因。如果「沒有理由」這個答案無法令人滿意，那麼你還可以從潛意識、歷史或社會條件中去尋找背後隱藏的理由。「為什麼」的探索是永無止境的。

「如何」的情況也類似。如果是問：「你是怎麼做晚餐的？」只要說明食譜和步驟就行了。但如果問的是：「你是怎麼決定晚餐菜色？」又該回答到什麼程度呢？如果你想深入探討，可以解釋如何選擇自行下廚還是外食，或者如果家裡有其他成員，是否考量了家庭成員的偏好與健康狀況等等。

當然，對於「為什麼」或「如何」這類問題，我們通常不會追根究柢地回答。只要是日常生活中的事，這樣做似乎沒什麼問題。

然而，有時候我們也必須回答那些難以找到答案，卻極為重要的「為什麼」或「如何」的問題。以前述煩惱轉職的A為例，當被問到「你為什麼要轉職？」「你是怎麼決定轉職的？」，就不是容易回答的問題。

接下來，我希望能提供一些回答這類問題的指引。而其中的線索，就藏在法國高中會考哲學科的試題。

⊙法國學士會考哲學考試中的「為什麼」、「如何」的解答法

如同第2章所述，近年來的法國高中會考哲學考試中，像「為什麼」或「如何」這類開放式問題的形式已較為少見。不過，這類問題並非完全消失。接下來，我們將以這些「思辨模式」難以回答的問題為例——這些問題不單純以「是」或「否」為出發點來找出解答的線索。

「為什麼」的應答方式

法國高中會考哲學科中使用「為什麼」的考題如下：

我們為什麼對學習歷史感興趣？（二〇一六年）

我們為什麼要認識自我？（二〇一四年）

我們為什麼會想要不需要的東西？（二〇〇三年）

首先，讓我們思考一下，對於「為什麼」這個問題，預期會得到什麼樣的答案。通常，只要闡述理由就算是回答了。那麼，這個「理由」究竟是什麼呢？讓我們以「我們為什麼對學習歷史感興趣？」這個問題為例。學習歷史的一個理由是了解過去發生的事，以及過去與我們的關聯。換句話說，學習歷史讓我們知道我們之所以成為今天這個樣子的「理由」。當「我們是什麼」這個問題成為學習歷史意願的起點時，這就是「原因」。

還有另一個理由。有句俗話說「歷史總是重演」。我們不知道這是否為真，但人們會將歷史當作教訓，避免重蹈覆轍，並努力創造理想的未來。此時，學習歷史便帶有創造更美好未來的「目的」。正因為我們抱持著實現該目的的意圖來學習歷史，歷史才能對我們有所助益。

換言之，當被問及「為什麼」時，這個「理由」可以是指引該行為的「原因」或「動機」，也可以是預期能藉此實現的「目的」。重要的是辨明問題所問的是哪一個，或者兩者皆是。

那麼，無論是「原因」還是「目的」，如果存在多個「理由」，我們該怎麼辨呢？我們不應該只是單純羅列這些理由，而是必須釐清這些理由之間的關係。例如，如果是學習歷史的理由，就必須基於論據闡述其「原因」和「目的」間的關聯，以及哪個更為重要。此時，就像我們在「思辨模式」中看到的那樣，將自己支持的立場放在「結論」之前，將更有說服力。關鍵在於，必須找出並呈現這些「理由」中最本質的內容。

「如何」的應答方式

對於提問「如何」的問題，我們該如何回答呢？例如，如果是像「這道菜怎麼做？」這種屬於「如何」類型的問題，那麼答案就是說明烹飪步驟、所需食材和工具。這裡所問的是依時間順序展開的「過程」，以及為了順利達成這些過程所採用的「方法」。在法國高中會考哲學考試中，雖然「如何」形式的考題並不多見，但仍有以下例子：

如何判斷一個行為是正確的？（一九九八年）
如何區分虛構與歷史？（一九九九年）
我們如何知道自己具備理性？（二〇〇二年）

在法國高中會考的哲學考試中，僅僅按照時間順序闡述過程是不夠的。例如，要闡明「正確的行為」，必須討論一個行為之所以正確的條件。同樣地，對於「虛構與歷史的區別」和「理性的存在」，我們需要指出區分虛構與歷史的標準，以及證明我們擁有理性所需的條件。

這就好比在談論烹飪食譜之前，我們被問到「什麼是烹飪？」以及「如何區分烹飪與非烹飪？」。「如何」這個問題在法國高中會考的哲學考試中，要求考生回答的是過程或手段得以成立的條件。

當然，我們並非在面對所有以「如何」開頭的問題時，都必須檢視事物的這些條件。大多數問題僅需回答過程或手段即可。

然而，如果我們知道這些問題中可能潛藏著探究「條件」的提問，或許就能提供不同的答案。

例如，思考「正確的行為」不僅僅是描述辨別行為正確性的手段，同時也要求闡明何謂正義，以及一個行為是否正確取決於哪些條件。這可能涉及判斷實際行為時，如何應用公正、和平等理念。我們要判斷的「行為」是多樣的，然而，論文中要求的是在這種多樣性中找出共性並加以闡明。

此外，「條件」本身也可能有多個。此時，如果能整理出各種條件之間的關係，並指出哪個是最重要的條件，就能視為充分回答問題。

◉把問題拆解為數個問題——運用「思辨模式」的技巧

像這類詢問「為什麼」或「如何」的問題，比單純思考「是」或「否」的論點更為複雜，需要更深入的答案。然而，這並不表示之前討論到回答封閉式問題的方式完全不適用。特別有效的方法是將問題拆解為多個子題。這樣做可以清晰地看出應該論述什麼，這與常見的問題形式相同。當然，雖然不能直接使用「為什麼」或「如何」等詞彙來構造子問題，但可以利用其他形式來建立多個問題。

以「為什麼要認識自己？」這個問題為例，只需機械性地套用幾種形式，就能產生以下問題：

- 認識自己意味著什麼？
- 我們是否可能準確地認識自己？
- 我們應該認識自己嗎？
- 我們如何才能認識自己？

・如果認識自己是可能的，那是在什麼條件下？
・如果認識自己是不可能的，那是為什麼不可能？
・僅僅意識到行動就足以認識自己嗎？
・我們是否只能認識自己？（在不了解他人或世界的情況下，能否認識自己？）

接下來，讓我們用「如何區分虛構與歷史？」來建立多個子問題：

・何謂虛構？
・我們應該區分虛構與歷史嗎？
・為什麼要區分虛構與歷史？
・要明確區分虛構與歷史，需要哪些條件？
・如果能夠區分虛構與歷史，我們就能了解過去的真相嗎？
・如果不能區分虛構與歷史，我們就無法了解過去的真相嗎？
・當我們區分虛構與歷史時，歷史講述的是真相嗎？

・虛構是否無法講述真相？

這些問題幾乎都能以「是」或「否」來回答。雖然不一定需要針對所有問題探討雙方立場，但若是能了解每個立場的論據，將能為你回答「為什麼」和「如何」這類問題提供清晰的思路。

只要能像這樣將問題拆解成多個子問題，並為這些問題規劃好應答策略，就能為「為什麼」和「如何」這類看似無從下手的問題，理出清晰的應答脈絡。

⦿「如果沒有……」提問的答題技巧

在處理「為什麼」和「如何」這類問題時，還有另一種實用的方法：質疑問題本身的預設前提。

在法國高中會考的哲學考試中，按照既定的「模式」來回答所提出的問題極為重要，這在封閉式問題中尤其明顯。然而，回答開放式問題的自由度會更高一些。

舉例來說，我們再次看看第3章用過的例子：「理性可以說明一切嗎？」對於這個問題，你必須論述兩種立場：「理性可以說明一切」和「理性無法說明一切」。一開始就討論支持、反對以外的選項，會被認為是錯誤的回答方式。

那麼，開放式問題又如何呢？對於「為什麼」和「如何」這類問題，你必須論述多個理由或條件，而且這些論述的順序也會因為回答者的判斷而有很大的差異。因此，像質疑問題前提這種在封閉式問題中難以使用的技巧，在開放式問題中反而可以派上用場。

具體該怎麼做呢？讓我們以「為什麼我們渴望那些不需要的東西？」這個問題為例。這個問題要求你回答「我們渴望不需要的東西」的「理由」。如果你能充分闡述這兩種可能性，就會是很好的回答。

然而，這個問題中有些東西並沒有被質疑。這個問題並沒有質疑「我們渴望不需要的東西」這件事本身。「為什麼」這個問題，只有在承認「我們會渴望不需要的東西」這個前提為正確的情況下，才能被提出。

那麼，如果「我們渴望不需要的東西」這個前提是錯誤的呢？換句話說，有沒有可能其實「我們只渴望需要的東西」才是對的？我們似乎總在追求各式各樣的東西，無論是物質、金錢、名譽或權力，這些看似並非必需品。但如果欲望是人類的本質，那麼這些看似多餘的渴望，或許也有某種程度的必要性。

然而，如果「必要」意味著能夠事先洞悉所有欲望對象的必要性，並確保其毫無謬誤，那麼這種說法根本不可能成立，畢竟「我們終究還是會去追求不需要的東西」。

探討與問題預設前提相反的觀點，意味著什麼呢？這是一種明確的手段，用來表明：先釐清問題中隱藏的預設前提後，再思考問題才有意義。

當然，在法國高中會考的哲學考題中，前提錯誤的可能性微乎其微。然而，對於我們在日常生活中遇到的問題又如何呢？前提可能錯誤，甚至有可能導致問題本身根本不成立。在回答「為什麼是〇〇？」這個問題前，先想想「如果不是〇〇呢？」，這不僅有助於回答問題，也能幫助我們批判性地審視問題本身。

同樣的道理也適用於以「如何」開頭的問題。以「我們如何知道自己具備理性？」這個問題為例，這個問題之所以成立，前提是我們能夠知道自己具備理性。然而，如果我們無法知道自己具備理性（無論是哪種意義上），那麼這個問題本身就不成立。我們果真能夠知道自己擁有理性嗎？如果不能，那是為什麼？如果可以，那又是如何辦到的呢？

總而言之，在回答問題之前先思考問題本身是否成立，這不僅是回答既定問題，更是對該問題是否妥當提出質疑。不盲目輕信資訊，批判性地審視其真偽，對於不被謠言和假新聞所迷惑、做出明智判斷極為重要。

總結一下：在回答類似「為什麼」和「如何」這樣的開放式問題時，首先質疑問題的預設前提是個有效的方法。當被問及「為什麼是〇〇？」或「如何是〇〇？」時，「〇〇」的正確性已被預設為接受。然而，試圖質疑這個前提，可以展現出回答者知性上的誠實和謹慎的態度。

⊙超越學士會考哲學考試——法國菁英選拔考試

我們已經以法國高中會考哲學測驗為題材，探討如何回答各種形式的問題。法國的高中生雖然會接受這種形式的訓練，但這項訓練在法國社會中幾乎無處不在地發揮作用。例如，據說在公務員考試或晉升考試中，決定錄取與否的關鍵是能否寫出符合「格式」的論述文（dissertation）。法國高中會考哲學測驗和高中的哲學教育，可以說為他們奠定了終生所需的思考與表達能力的基礎。

然而，法國高中會考哲學測驗所評估的思考與表達能力，畢竟只是基礎。這些能力原本應當在高等教育及其後的社會各個階段中不斷培養。本書將法國高中會考哲學測驗的「思辨模式」作為一種模型來介紹，但這個「模式」並非萬能，也不是思考和表達的終極形式。顯然，還存在許多需要更高層次思考的挑戰。

最後，我們將以法國菁英培訓機構，也是「高等學院」（Grandes écoles）中頂尖學府之一——高等師範學校（École Normale Supérieure, ENS）的入學考試題目，作為更具難度的問題範例。

高等師範學校是為培養教師而設立的學校，創立於法國大革命後的一七九四年。曾因法國大革命期間的混亂而一度關閉，但在一八〇八年由拿破崙重新開放。此後，儘管歷經波折，仍以培養法國菁英而自豪，擁有超過兩千年的悠久傳統。

原則上，要進入這所學校，考生須在取得法國高中會考文憑後，在「高等學院預備班」（Classes Préparatoires aux Grandes Écoles）學習兩年，然後參加嚴格的入學考試。預備班的教育水準相當於大學學士課程的前兩年。學生每週上課約三十小時，每週都有某個科目的論述文考試，並在小組「口試」（colle或khôlle）中反覆接受指導。除了上課，每個科目都會發放大量的參考書目清單，學生不僅要閱讀其中列出的書籍，更被要求根據自己的興趣和關注點，進一步深入探究知識。預備班一年級結束時接受升級評定，評定不合格的學生將轉至大學，但在預備班的一年學習視為等同於大學一年的教育，他們可以從二年級開始學業。

每位考生最多只能參加兩次特級學院的入學考試。頂尖學校的競爭非常激烈。像巴黎綜合理工學院（École Polytechnique）和高等師範學校這類頂尖學府的錄取者，可享有為期四年的公務員準保障，並獲得薪資。

入學考試科目因文科和理科而異，但兩階段選拔制度占了錄取名額的大部分。初試為筆試，複試為口試，通過這兩關的考生才能獲准入學。

那麼，必須參加哪些科目呢？我們以文科為例。文科有兩種入學制度：A組考試和B組考試。A組考試是人文學科課程，必修希臘語或拉丁語等古典語言；B組

2015年	A	說明
	B	知識與信仰
2016年	A	什麼可以被禁止？
	B	正義的觀念
2017年	A	有可能界定人性的範圍嗎？
	B	什麼是思考？
2018年	A	責任
	B	現在性／現實性
2019年	A	現實中有形而上學的經驗嗎？
	B	表象

考試則不要求古典語言，但必須考數學、社會科學及經濟學。A組考試的筆試有六個科目（歷史、法語、哲學、外語、古典語言、選修科目），口試也有六個科目（與筆試科目相同）。筆試除了古典語言寫作科目為四小時外，其餘均為六小時；口試則在題目提示後有一小時的準備時間，然後在考官面前進行二十分鐘的口頭論述。

僅文科生需參加的哲學考試時間長達六小時，比法國高中會考的四小時還要長。那麼，會出什麼樣的問題呢？

高等師範學校的入學考試也受到新冠肺炎疫情的影響，實施方式有所改變，因此，我們這裡要看的是疫情前五年A組和B組兩個課程的哲學考題（見前頁上表）。

高等師範學校的哲學考題，雖然與法國高中會考有共通的題型，但難度顯然提高不少。具體來說，究竟是哪些地方變得更難了呢？

首先，在全部十道題目中，封閉式問題只占了兩題（二〇一九年A組和二〇一七年A組）。而且，這些問題的內容已經超出高中哲學教育的範圍。例如，二〇一九年A組考題出現「形上學」這個在高中哲學教育中並未明確處理的哲學大主題。二〇一七年A組的考題也要求考生思考「人性」這個跨足多重哲學概念的廣泛主題。這兩題都明確展現出高中會考後兩年預備教育所面對的入學考試水準。

再來看看開放式問題。二〇一七年B組的「什麼是思考？」這類定義性問題，在高中會考中近年來已鮮少出現。而二〇一六年A組的「什麼可以被禁止？」雖然是高中哲學教育中關於法律和正義等主題的延伸，但要避免流於表面並深入探討，是個看似簡單實則困難的問題。

其他的問題我認為更是難解。僅由單一或多個名詞構成的問題（二〇一八年A

組、B組；二〇一六年B組；二〇一五年B組），要求考生定義該名詞，從中提取問題並論證，且不能偏離題目，這無疑是一項艱鉅的任務。

而「表象」（二〇一九年B組）和「說明」（二〇一五年A組）這兩題，更是僅由一個動詞構成的問題。這或許可被視為極端的開放式問題。從根本上來說，這兩題的難度非常高，因為考生甚至可能不知道該從何作答。

有個關於法國高中會考哲學測驗的笑話。

有位考生面對「什麼是風險？」這道題目，只寫了「這就是！」便交卷離場。這行為確實冒險，但可惜並非實話。然而，如果是在至今仍會出「什麼是～」這類題型的高等師範學校入學考試，或許真的有可能出現這種「勇敢」，但我並不鼓勵這麼做的答案。

⦿如何回答「說明」？

當被問及「說明」時，我們究竟該如何作答？大家常形容法國高中會考哲學測驗

「極為高深」或「沒有標準答案」，但相較於高等師範學校的題目，似乎又顯得較為直白易懂。高等師範學校的考題，或許可以被稱作終極的開放式問題。

不過，這些問題是法國高中會考哲學測驗問題的進階版，絕非無法解答。高等師範學校的官網公開了考試委員的報告書，其中詳細說明了出題意圖和考生分數分布。針對二〇一五年的考題「說明」，報告書中指出以下幾點：

「說明」這個問題是模糊的，不知道該如何論述，也沒有任何線索。然而，這正是出題的意圖。在法國高中會考哲學測驗中，考生相對容易辨識出與問題相關的主題或概念。但是，「說明」這個概念可以從各種哲學視角切入。例如，即使是「科學說明」這個概念，數學和物理學中的說明也不同，自然科學和人文學科的說明也無法等同視之。本題旨在測試考生選擇何種視角，以及能否結合多個視角進行連貫的論證。當然，若僅僅是受「說明」一詞啟發而隨意列舉想法的答案，評分會很低。

要回答「說明」這個問題，與法國高中會考哲學測驗一樣，首先必須分析問題。同樣地，也需要定義問題中的關鍵詞。然而，定義「說明」這個單一動詞究竟意味著什麼呢？這並不是要求你列舉詞典解釋，或詳細討論用法差異。相反，「說明」這個問題要求你闡述「說明」這個名詞形式，以及與「科學說明」的差異。

例如，「說明」（動詞）與「說明」（名詞）有何區別？「說明」（動詞）強調行為層面，其中涉及與他人的關係。那麼，這種「說明」究竟是什麼？

此外，比較「說明」這個動詞與其他動詞（如詮釋、理解、正當化、證明、定義、描述），並在自然科學、人文科學和社會科學中尋找運用的具體案例，就能揭示「說明」究竟會引發哪些問題。報告書中提到的案例包括地動說、伽利略實驗、托里切利真空、達爾文進化論、光的粒子與波粒二象性（楊氏干涉實驗〔Young's interference experiment〕）、希格斯玻色子（Higgs boson），以及法國大革命等，範圍極其廣泛。

然而，報告書中也強調，僅僅提供案例是不夠的，這些案例必須成為考生在概念層面思考「說明」這個問題的立足點。這考驗著考生如何將案例所揭示的教訓抽象化的能力。

此外，報告書也鼓勵考生關注「說明」的困難性。我們常以為說明就是揭示某種現象的原因，但報告書提醒我們，有時「說明」也可能讓事情變得更難理解。例如，說明一段旋律，是否就等於理解了旋律的本質呢？

報告書列舉出期望考生探討的問題，包括：說明的對象（說明什麼？）、說明的主體（誰以何種資格說明？）、說明方式的多樣性（如何說明某物？）。這些問題考量了「說明」被使用的語境，能夠進行更深入、詳盡的論述。

相對的，報告書建議考生避免提出「為什麼要說明？」「一切都能被說明嗎？」這類問題。因為這些問題探討的是「說明」的動機或可能性，而非「說明」本身。無論如何，最重要的是在不偏離問題的前提下，從中衍生出各種不同的子問題。

在法國高中會考哲學測驗中，如何巧妙旁徵博引是獲得高分的重要祕訣。高等師範學校的入學考試亦是如此。然而，僅僅在恰當處準確引用遠遠不夠。評分標準並非依據引用的數量，而是要求考生必須在論證脈絡中使用必要的引用，同時闡明作者的原意脈絡，並充分討論引用的內容。

高中會考在評分引用時，即使考生忽略其哲學脈絡，也能被接受；但在高等師範學校的入學考試中，考生必須根據作者的思想準確引用。這項能力是在特級學院預備班的兩年間，閱讀大量遠超高中會考範圍的內容累積而成。此外，正確使用法語也是評分重點。錯別字和文法錯誤當然不允許，更要求詞彙的選擇必須精準日細膩。這不僅僅是「清晰易懂」的文字，更可謂是「優美」的文字。

總結來說，即使是「說明」這樣看似平淡的問題，也與法國高中會考哲學測驗一樣，需要定義詞義、釐清與其他詞彙的差異，並提出值得思考的問題。然而，如何在不偏離問題的前提下，從多個視角論證，這就比高中會考哲學測驗中只需最低限度掌握「是」與「否」的答案要困難得多。

不僅如此，考生還需要舉出具體事例，並闡明其哲學意涵。在引用方面，也必須注意引文的原文脈絡。這些事例和引文的精準度，都取決於高中會考合格後所累積的閱讀量。文體和詞彙的選擇也必須更為精練，這也是訓練的成果。當然，入學考試本身正是對這些累積的評估。

這份二〇一五年的報告書中沒有關於成績分布的描述，但從近五年的成績分布來看，似乎沒有太大變化。在此，我們參考二〇一八年A組入學考試中「責任」一題的報告書，來看看有多少考生能夠解答這類問題。

平均分數為20分滿分中的10・03分。在四五三三份答案卷中，有九〇七份答案卷分數在14分以上（非常優秀的成績），約占總數的20%。其中，16分以上，未滿18分的答案卷為二三八份；18分以上，20分（滿分）以下為一四八份。法國高中會考哲學測驗的平均分數約為20分中的7分。雖然問題難度提高，但平均分數卻升高，且優秀答案數量眾多，這表明考生的水準非常高。

然而，其中依然有七二二份答案卷低於6分，甚至有二三六份答案卷不到4分，這些考生的分數遠低於合格線。不擅長哲學的考生或許會期望在其他科目上彌補，但在這樣高水準的考生群體中，將會是相當嚴峻的挑戰。

法國高中會考哲學測驗並非終點。正如我們在此看到的，還有更高難度的考試。然而，這似乎並非在考驗截然不同的能力，而更像是鼓勵考生透過法國高中會考哲學測驗所評估的能力，來實現更高的目標。當然，這個過程需要投入極大的心力，題目也勢必不簡單。即使如此，兩者之間的確存在承先啟後的關係。

⊙不畏懼「問題無解」

本章探討的提問方式和應對開放式問題的策略，固然只是一種方法，且並非總是適用。我們日常生活中遇到的問題，往往無法簡單歸類於這些範圍。

然而，學會這些提問與應答方法，至少能夠幫助我們在面對問題的複雜性和多樣性時，不至於手足無措。儘管可能仍不夠完善，但借鑒法國高中會考哲學測驗所啟發的思考方式和答題方式，或許能成為我們將多樣且複雜的現實，分解成若干子問題的工具。

此外，懂得「如何應答」也意味著不必擔心「問題無解」。當一個問題無法得出答案時，可能有各種原因。判斷所需的資訊不足，或是資訊充足卻無法做出決策等等，無法得出答案的因素不只一個。

然而，如果我們掌握了「提問方式」和「解題方法」，就能隨時回頭檢視那些無解的問題，再次思考。培養發現問題和解決問題的能力，這看似矛盾，卻也能減少我們對「無解」的恐懼。

更進一步說，懂得如何應對問題，不僅讓我們不懼怕「無解」，更能培養不懼怕「觀點改變」的態度。當獲得新的資訊或論據，發現自己原先堅信不疑的觀點其實並不正確時，我們往往傾向於固守己見，或不願接受改變。

然而，如果我們懂得在新的條件下，重新審視問題，並掌握使這個過程變得容易的「解題方法」，我們是否就能不將自己的觀點絕對化，而是不斷地重新思考、持續質疑呢？透過這種態度，我們將能傾聽他人的聲音，質疑自身的絕對性，並且在不全盤否定新觀點或想法的情況下，持續且耐心地思考其妥當性。這正是「教養」所能帶來的，也是身為「公民」應有的態度。

「思辨模式」是掌握這些能力和態度的方法，雖然並非萬能，但若能熟練運用，也能成為強大的武器。

終章

⦿「思辨模式」與公民教育

本書在第1章介紹了法國高中會考哲學論述寫作中所體現的思辨模式。目的在於借鑒法國的哲學教育，思考如何培養獨立思考和表達的技能。我想要強調的是，這種思辨模式是應對看似無解問題的強大工具。

而且，這種模式不僅限於解決哲學問題，也是解決社會日常各種問題的方法。在第6章中，我們脫離哲學這個特定學科的脈絡，探討運用「思辨模式」的技巧和心態。當我在解釋公民在民主社會中扮演的角色，以及應當如何培養這樣的公民時，這是我一貫的思考模式。

法國高中會考哲學論述的寫作方式，要求考生在得出結論之前，必須充分考慮反對意見的邏輯性。這不僅僅是主張自己的觀點，更是傾聽對方主張，並內化其邏輯基礎後再批判的對話形式。這種對話透過辯證的結構導向結論，而反覆學習並掌握這種論證建構方式，對我們日本人來說或許也極為重要。然而，不得不說，在日本的中等教育和高等教育中，學習這種論證方式的機會，還比不上法國那樣有健全的制度。

⦿「思辨模式」的源起與局限

我尊敬的研究夥伴渡邊雅子前輩，在其著作《「邏輯思考」的社會結構》中，以法國教育為例，詳細闡明邏輯思維絕非普遍存在，而是在社會中建構出來的。這本書探討從初等教育到中等教育期間，透過文學、哲學、歷史、公民教育等各種教育形成的法國式邏輯思維，這讓我深受啟發。

正如渡邊前輩所闡明，既然邏輯思維是在社會中被建構的，那麼在背景和脈絡無法共享的情況下，若我們只擷取其一部分加以模仿，其理解和應用可能也僅限於表面層次。我想，我對「思辨模式」的介紹，也可能被單純地視為法國哲學教育中的一個案例。

然而，我絕不認為因為法國的哲學教育出色且無與倫比，日本就應該盲目模仿。本書中多次提及哲學教育的理念與實際操作之間的落差。連法國自身都無法完全順利運行的制度，日本直接套用又怎麼可能成功呢？更何況，在缺乏合格教師，且社會對哲學教育缺乏共識的情況下，主張實施法國式哲學教育，恐怕是有批判而無道理。畢竟，哲學教育和法國高中會考哲學測驗，是深深根植於法國的學校、文化、考試制度和整個社會，單純引進表面制度絕對不可能成功。

我每年有機會談論法國高中會考哲學測驗時，有時會讓聽眾感到失望。他們或許期待我提出一些諸如「用法國式的教育方法，來突破日本的閉塞困境！」這樣意氣風發的建議。然而，我認為法國也同樣處於某種閉塞狀態，因此無法如此樂觀（當然，兩國閉塞的方式有很大的不同）。

再者，法國的哲學教育僅是中等教育的總結，並非意味著學生能因此習得所有的邏輯思維方法。在高等教育和大學中，學生或許還需要面對高中所學框架無法處理的複雜問題，而且根據專業領域的不同，當然也需要截然不同的表達方式。我最近聽一位認識多年的法國哲學教育研究者抱怨，他認為法國高中哲學教育將思維強行納入表面化的辯證法框架中，以致變得非常僵化。他感嘆，辯證法的本質應是螺旋式發展的，但在法國的哲學教育中，學生無法體驗到這種思維深度逐漸增加的過程。他也認為，學生為了取得高分而重視背誦引用文章，卻無法意識到引用背後的哲學思想和深度，這並非理想的哲學教育方式。對於法國人來說，哲學教育和「思辨模式」絕非理想的思考方法。

⊙為了靈活運用「思辨模式」

那麼，為什麼要介紹法國的哲學教育，並刻意強調「思辨模式」的有效性呢？這聽起來或許有些矛盾，但這個理念確實引發我們濃厚的興趣。

然而，這種理念往往難以察覺。在高中學習哲學對法國人而言，是理所當然的事，因此這些理念也自然而然地存在。唯有來自法國外部的實踐，哲學教育的獨特性才得以清晰浮現，其中蘊含的獨特理念也才能被明確地揭示。這正是法國在歷史和社會層面所建構出的「思辨模式」。

這種「思辨模式」對在法國教育體系中成長的法國人來說，是再尋常不過的事。或許有些人會認為這是唯一且最優良的邏輯方法，也可能有些人對其局限性有深刻的認知。無論如何，這都是法國這個特定文化透過歷史與傳統逐漸孕育出的在地化思考方式。

然而，在地化的事物並非離開原地就無法適用。思考能否理解這些在地文化背後的理念，並轉化應用於其他情境，這似乎是極為重要的課題。

在思考法國高中會考哲學測驗時，我腦中始終縈繞著這樣的問題：「如何將這種在法國特有且獨特的脈絡中發展出來的邏輯思維，以對日本讀者有意義的方式呈現出來？」正是在這種關懷下，本書以「思辨模式」為核心關鍵字而誕生。對我這個外國人而言，我能夠以不同視角重新審視法國文化和思想，並從法國人習以為常的事物中找到驚喜，這也是一次寶貴的機會。

正如前面所提，「思辨模式」絕非萬能。然而，對於尚未擁有這種模式的我們來說，這依然是值得學習的理念。面對這個不盡完美卻極其有效的理念，我們所需的態度是審慎檢視，取其所長，而非全面否定或徹底拒絕。

⦿「思辨模式」的成形之路

要萃取出這種法國式「思辨模式」的精髓，並轉化為易於理解且可實踐的形式，絕非我一人之力所能達成。我在京都藥科大學任職期間，每年課程中實施的「用法國式方法撰寫哲學小論文」這項作業，對學生來說或許是個挑戰，但在批改他們認真撰寫的報告的過程中，我逐漸清晰地看到了該如何教學。

此外，第6章探討的問題分析方法，是我在京都大學聯合會為大學職員舉辦的研討會（為期兩年），以及京都藥科大學的學術技能研討會等活動中反覆探討的。每次研討會都參考了學員的意見再加以改進。我認為，正是這些寶貴的回饋，才讓「思辨模式」能夠以對我們日本人也有用的方式呈現出來。

雖然這套「思辨模式」目前已大致成形，但我認為仍有改進和發展的空間。我期待讀者能在各種場合中運用「思辨模式」，親自體驗其魅力，同時也能幫助我們發現需要改進的部分。

延伸閱讀

對於希望深入了解法國高中會考哲學測驗、法國高中會考制度、論述教育，或是本書中提及的哲學家思想的讀者，本節提供一份延伸閱讀清單。由於本書未能詳盡討論法國高中會考的整體制度和法國教育，且對哲學家主張的介紹僅限於法國高中哲學教育的精華內容，部分讀者或許會感到意猶未盡。

這份延伸閱讀清單彙整了可能對您有所助益的文獻，分為兩大部分：前半部分是與法國高中會考哲學測驗相關的文獻，後半部分則介紹本書中提及的主要哲學著作。在選擇哲學著作時，我們盡量優先收錄目前容易取得譯本的書籍。

希望本書能夠激發各位讀者對法國高中會考哲學測驗、哲學教育以及哲學本身產生更濃厚的興趣。

法國高中會考哲學測驗相關書籍

1. 法國教育與高中學士會考相關

細尾萌子、夏目達也、大場淳編著《フランスのバカロレアに見る論述型大学入試に向ける思考力、表現力の育成》（ミネルヴ書房）

伊藤實步子編著《変動する大学入試　資格か選抜か　ヨーロッパと日本》（大修館書店）

中島さおり《哲学する子どもたち——バカロレアの国フランスの教育事情》（河出書房新社）

2. 小論文相關

渡邊雅子《論理的思考の社会的構築　フランスの思考表現スタイルと言葉の教育》（岩波書店）

坂本尚志《バカロレア幸福論——フランスの高校生に学ぶ哲学的思考のレッスン》（星海社新書），中譯本《為什麼法國高中要考哲學？年輕人要學會思考，然後決定自己要怎樣的幸福！》，林信帆譯，大是文化出版

綾井櫻子《教養の揺らぎとフランス近代——知の教育をめぐる思想》（勁草書房）

柏倉康夫《指導者はこうして育つ——フランスの高等教育　フラン・ゼコール》（岩田書店）

本書主要引用哲學書籍（依作者出生年順序）

亞里斯多德（西元前三八四～三二二）

《尼各馬科倫理學》（*Nicomachean Ethics*，簡稱ＮＥ）

柏拉圖（西元前四二七～三四七）

《蘇格拉底的申辯》

愛比克泰德（約西元前五五～一三五）

《語錄　摘要錄》

法蘭西斯・培根（一五六一～一六二六）

《新工具》（*Novum Organum*）

湯瑪斯．霍布斯（一五八八～一六七九）

《利維坦》（*Leviathan*）

笛卡兒（一五九六～一六五〇）

《哲學原理》

布萊茲．帕斯卡（一六二三～一六六二）

《沉思錄》

史賓諾莎（一六三二～一六七七）

《倫理學》

《致舒勒書信集》

《神學政治論》

孟德斯鳩（一六八九～一七五五）

《論法的精神》

尚－雅克．盧梭（一七一二～一七七八）

《社會契約論》

伊曼努爾．康德（一七二四～一八〇四）

《人倫形上學》

《道德形上學基礎》
卡爾．馬克思（一八一八～一八八三）
弗里德里希．恩格斯（一八二〇～一八九五）
《共產黨宣言》
卡爾．馬克思
《經濟學哲學手稿》
《資本論》
弗里德里希．尼采（一八四四～一九〇〇）
《人性，太過人性》
《朝霞》
《偶像的黃昏》
艾彌爾．涂爾幹（一八五八～一九一七）
《社會分工論》
阿蘭（一八六八～一九五一）
《論幸福》
列奧．施特勞斯（一八九九～一九七三）
《自然權與歷史》

漢斯・約納斯（一九〇三～一九九三）
《責任原理》
尚－保羅・沙特（一九〇五～一九八〇）
《存在主義是一種人道主義》

法語參考書籍

Gérard Durozoï, *Annales 2017 Sujets & Corrigés Philosophie Terminal L-ES-S*, Nathan, 2016.
Stéphane Vial, *Prépabac Philosophie Terminal L, ES, S*, Hatier, 2016.
Christian Godin, *Le Bac Philosophie pour les Nuls*, Éditions First, 2011.
Denis Huisman et André Verges, *1000 citations philosophiques*, nouvelle édition revue et corrigée par Serge Le Strat, Nathan, 2010.
Marc Sherringham, « L'enseignement de la philosophie en France » *La revue de l'inspection générale*, 3, p.61-67, 2006.
Astrid Damier et Christian Roche, *Mémo bac Philosophie Terminal L*, Bordas, 2003.
Luc Ferry et Alain Renaut, *Philosopher à 18 ans*, Paris: Grasset, 1999.

結語

本書的緣起，是一封來自日本實業出版社松本幹太先生，於二〇一八年四月寄來的電子郵件。我清楚記得，當時他希望能針對我同年二月出版的拙作《為什麼法國高中要考哲學？》（中譯本為大是文化出版）中，提及的關鍵詞「思辨模式」有更詳盡的闡述，於是我便立刻動手撰寫計畫書。

《為什麼法國高中要考哲學？》獲得了報章書評的正面評價，我趁著這股氣勢，趕著希望能盡早出版。實際上，本書約有七成的內容在二〇一八年內便已完成。二〇一九年秋天，在仔細審閱已完成的稿件後，確定了目前的出版架構。當時，我以為目標近在咫尺。

然而，這篇「結語」卻是在二〇二一年底撰寫的。轉眼間，從構思到現在已過了三年多。最大的原因，莫過於二〇二〇年初爆發的全球新冠病毒（COVID-19）疫情大流行。這場疫情造成全球超過2．5億人感染，死亡人數逾5百萬，成為二十一世紀以來最大的全球性流行病。儘管疫苗接種持續在進行，有效治療藥物也陸續問世，但由於變異株不斷出現，使得這場疫情至今仍是個巨大威脅。

這場全球性的疫情大流行，徹底改變了我們的日常生活。我任職的京都藥科大學也為了防疫而關閉校園，將面對面授課改為線上教學，致力確保學生的學習機會。錄製和編輯課程影片等前所未有的工作量大增，導致我的寫作完全停擺。

這段期間，法國的高中會考也受到影響，二〇二〇年的考試首次被取消。二〇二一年的考試是高中教育和高中會考改革後的第一屆，卻採用變則的評定方式：以高中成績和會考成績兩者中較高者來決定是否錄取。正當我思考著必須將這些變化也納入書中時，二〇二一年六月，我接到「差不多該交稿了」的催促，於是再次開始動筆。隨著疫情逐漸趨緩，我也逐漸適應線上教學，寫作的日子又一點一滴地重新展開。

從今年八月起，我利用任職學校的留學制度前往維也納。雖然花了一些時間才安頓好生活，但我終於可以專心完成稿件。然而，奧地利也在秋季再次遭遇疫情擴散，實施第四次封城。這篇「結語」正是在封城期間撰寫的。

結束十年留學，返回日本後，研究法國高中會考哲學測驗也已過了十年。這段期間，我除了專業論文，也獲得許多為雜誌撰稿和演講的機會。隨著日本大學入學考試改革等相關議題的發展，法國高中會考哲學測驗受到了廣泛關注。或許本書探討的「思辨模式」無法直接解決日本在邏輯思維培養方面的課題，但我仍希望這些關注能引導我們找到理想的教育方式。

本書是日本學術振興會（JSPS）科研費資助的部分成果。我在此向耐心等候稿件完成的松本幹太先生致上最深的謝意。最重要的是，感謝我的妻子和兩個兒子，是他們讓我得以度過這段意想不到地漫長的寫作期。懷著由衷的感激，將這篇章獻給他們。

坂本尚志

二〇二一年十二月初　寫於維也納